BREXIT

ROGER SCRUTON

BREXIT

ORIGENS E DESAFIOS

1ª edição

Tradução de

Alessandra Bonrruquer

EDITORA RECORD
RIO DE JANEIRO • SÃO PAULO
2021

CIP-BRASIL. CATALOGAÇÃO NA PUBLICAÇÃO
SINDICATO NACIONAL DOS EDITORES DE LIVROS, RJ

S441b   Scruton, Roger, 1944-2020
        Brexit : origens e desafios / Roger Scruton ; [tradução Alessandra
        Bonrruquer]. – 1. ed. – Rio de Janeiro : Record, 2021.

        Tradução de: Where we are : the State of Britain now
        Inclui índice
        ISBN 978-65-55871-83-8

        1. União Europeia – Grã-Bretanha. 2. Grã-Bretanha – Relações econômicas
        externas – Países da União Europeia. 3. Países da União Europeia –
        Relações exteriores – Grã-Bretanha. I. Bonrruquer, Alessandra. II. Título.

                                        CDD: 327.41
21-68778   CDU: 327(410)

Camila Donis Hartmann – Bibliotecária – CRB-7/6472

Copyright © Roger Scruton, 2017

Título original em inglês: Where we are: the state of Britain now

Todos os direitos reservados. Proibida a reprodução, armazenamento ou transmissão de partes deste livro, através de quaisquer meios, sem prévia autorização por escrito.

Texto revisado segundo o novo Acordo Ortográfico da Língua Portuguesa.

Direitos exclusivos de publicação em língua portuguesa para o Brasil adquiridos pela
EDITORA RECORD LTDA.
Rua Argentina, 171 – 20921-380 – Rio de Janeiro, RJ – Tel.: (21) 2585-2000, que se reserva a propriedade literária desta tradução.

Impresso no Brasil

ISBN 978-65-55871-83-8

Seja um leitor preferencial Record.
Cadastre-se em www.record.com.br
e receba informações sobre nossos
lançamentos e nossas promoções.

Atendimento e venda direta ao leitor:
sac@record.com.br

Was du ererbt von deinen Vätern hast,
Erwirb es, um es zu besitzen.

[Aquilo que herdou de seus ancestrais,
Conquiste, a fim de possuir.]

Goethe, *Fausto*

Sumário

Nota do editor	9
Prefácio	11
1. Prelúdio	13
2. Nosso país: esquerda ou direita	21
3. Nações, nacionalismo e nós	53
4. Nosso país: certo ou errado	77
5. As raízes da liberdade britânica	99
6. O impacto da globalização	121
7. Lá fora no mundo	149
Índice	187

Nota do editor

Ao longo deste livro, Roger Scruton, que era inglês, muitas vezes utilizou a primeira pessoa do plural para tratar das questões referentes à Grã-Bretanha e ao Reino Unido. Na tradução para o português, mantivemos as escolhas do autor.

Prefácio

Os tratados europeus impuseram leis ao nosso país sem discuti-las no Parlamento, ao passo que o Parlamento encaminhou duas questões vitalmente importantes — a unidade do reino e nossa filiação à União Europeia — ao povo, pedindo (embora, no primeiro caso, somente a uma parte dele) que escolhesse por referendo qual seria nosso futuro. Isso significa que o Reino Unido já não é uma democracia representativa? Certamente está claro que a legislação criada por um tratado, do qual somos apenas um entre 28 signatários, não foi criada unicamente por nossos representantes eleitos e que decisões por plebiscito não são decisões do Parlamento. Como, nessas circunstâncias, definimos nossa identidade como corpo político e o que, em anos futuros, nos manterá unidos como povo único, sujeito a um único estado de direito? Este livro busca responder a essas perguntas e entender o volátil momento que vivemos.

Esboços anteriores foram lidos por Tim Congdon, Mark Dooley, Alicja Gescinska, Maurice Glasman, Bob Grant, Douglas Murray e Robert Tombs, e me beneficiei imensamente de seus conselhos.

Malmesbury, junho de 2017

1.

Prelúdio

Este pequeno livro é uma resposta pessoal à decisão pelo Brexit, mas não um argumento em sua defesa. Estivesse o povo britânico certo ou não ao votar como votou, ele se comprometeu a sair da União Europeia, e a questão de que trato aqui é como nossa soberania nacional deve ser concebida a fim de unir os que queriam sair e os que queriam permanecer.

Alguns dirão que o povo britânico não se comprometeu a sair da União Europeia, uma vez que, em nosso sistema de governo representativo, decisões vinculatórias são tomadas pela rainha no Parlamento, e não diretamente pelo povo. E podem indicar a subsequente eleição geral, na qual Theresa May, tendo tornado o Brexit central para sua plataforma, perdeu a maioria, como se o referendo fosse de importância cada vez menor e externo aos assuntos reais do Parlamento. Em contrapartida, foi uma decisão do Parlamento buscar o voto popular e se assumiu, em todos os lados, que o tema estava além do alcance do governo normal, sendo uma questão sobre nossa identidade como comunidade política.

Na verdade, o povo britânico usou o referendo para expressar sentimentos que haviam sido amplamente excluídos do processo político. Inicialmente, David Cameron não percebeu isso, mas, acordando para a realidade do sentimento popular e tentando garantir o resultado no qual apostara sua carreira, avisou sobre a catástrofe econômica que nos aguardaria se saíssemos do Mercado Único. E apresentou um especialista após o outro para provar isso.

Todavia, nem todos os eleitores ficaram persuadidos. Os especialistas tinham certa razão, mas soavam como pessoas que podiam se estabelecer em qualquer lugar e sempre se dar bem. Para tais pessoas, não é nenhuma grande imposição serem governadas de outro lugar. Elas estão sempre em outro lugar. Para muitos eleitores comuns, no entanto, cujas redes de contatos também são suas vizinhanças, a questão de quem nos governa, e de onde, é real e urgente. Para tais pessoas, estava em jogo algo que fora sistematicamente ignorado pelos políticos e que era mais importante que todos os argumentos econômicos e geopolíticos, a saber, a questão da identidade: quem somos, onde estamos e o que nos mantém unidos em uma ordem política partilhada? Não são somente os britânicos que enfrentam essa questão: ela é a questão política de nossa era, e em toda a Europa os povos começam a se indagar sobre ela. Além disso, não é uma questão que pode ser resolvida com argumentos econômicos, uma vez que deve ser respondida antes que qualquer argumento econômico faça sentido.

As identidades são muitas e frequentemente competem entre si. Eu tenho uma identidade como escritor, como filósofo, como marido e como pai. Nas várias esferas em que vivo e ajo, reconheço restrições, normas, deveres e liberdades que pertencem a essas esferas e lhes fornecem significado. Nesse sentido, uma identidade me designa a um grupo. Mas alguns grupos também *agem* como grupos, tomando decisões em benefício de seus membros e exigindo que aceitem o que é feito em seu nome. Assim, quando agimos coletivamente — em um comitê, um time ou um clube —,

PRELÚDIO

precisamos de uma concepção clara sobre quem está conosco e por quê. Essa concepção definirá o que os membros devem uns aos outros e por que foram incluídos no acordo. Ela será a fundação de confiança sobre a qual o coletivo é construído. É nesse sentido que a política pressupõe uma identidade partilhada: uma definição de quem está incluído que permite que cada um de nós adote as decisões tomadas em nosso nome.

Mas o que acontece quando a confiança se desintegra? Em particular, o que acontece quando as questões mais caras ao coração das pessoas não são discutidas nem mencionadas por seus representantes, e são precisamente questões de identidade, sobre quem somos, quem está incluído e quem não está? Parece-me que esse é o ponto em que estamos nas democracias ocidentais, nos Estados Unidos tanto quanto na Europa. E os eventos recentes em ambos os continentes seriam menos surpreendentes se a mídia e os políticos tivessem acordado mais cedo para o fato de que as democracias ocidentais — todas elas, sem exceção — estão sofrendo uma crise de identidade. O "nós", que é a fundação da confiança e o *sine qua non* do governo representativo, foi ameaçado não somente pela economia global e pelo rápido declínio dos modos nativos de vida, mas também por imigrações em massa de pessoas com outras línguas, outros costumes, outras religiões e outras conflitantes lealdades. Pior que isso é não podermos questioná-las publicamente sem correr o risco de acusações de "racismo e xenofobia" e, consequentemente, não podermos iniciar o processo de chegar a um acordo discutindo quais seriam os custos e benefícios.

Essa é uma das razões pelas quais as pessoas já não confiam na classe política. O referendo Brexit na Grã-Bretanha, as eleições de Donald Trump e Emmanuel Macron, a ascensão de partidos políticos "outsiders" na França, Alemanha, Holanda, Itália, Espanha,

Suécia, Grécia e Finlândia — todos esses desenvolvimentos imprevistos apontam para a quebra de confiança entre o eleitorado e o establishment político. E a razão para isso é sempre a mesma, a saber, o fato de que os políticos falharam em defender a nação ou afirmar o que muitos de seus membros veem como direitos herdados.

A questão da identidade está ligada à da soberania: quem nos governa, e de onde? A União Europeia evoluiu rapidamente e por meio de um processo de construção de instituições, de modo que a questão da soberania frequentemente foi difícil de responder. Ela começou com o Tratado de Paris de 1951, que criou a Comunidade Europeia de Carvão e Aço (CECA), a fim de colocar carvão e aço — na época, os principais recursos do poder militar — fora do controle monopólico de qualquer governo nacional. Mas a intenção não era meramente criar obstáculos a uma terceira guerra na Europa. A intenção dos fundadores, particularmente de Jean Monnet, era criar uma união de Estados que associariam suas soberanias em uma forma partilhada de governo. Em um tratado separado, o Tratado de Roma de 1957, os membros da CECA criaram a Comunidade Econômica Europeia e a Comissão Europeia de Energia Atômica. A primeira deveria ser uma "união de alfândegas" dirigindo um mercado comum de bens, serviços e trabalho e uma política comum de agricultura. O Tratado de Fusão de 1967 combinou as três instituições, e a resultante Comunidade Europeia incorporou uma sucessão de novos membros, levando à revisão do Tratado de Roma e finalmente à criação, via Tratado de Maastricht de 1992, da União Europeia como a conhecemos hoje.

Um elaborado e engenhoso conjunto de instituições foi projetado para administrar essa entidade supranacional, juntamente com um Tribunal de Justiça ativista com o poder de interpretar todas as leis aprovadas sob os tratados no interesse do objetivo último de união

PRELÚDIO

política. O resultado foi um legado legislativo — o *acquis communautaire* — que agora possui 180 mil páginas e anula qualquer decisão conflitante de um parlamento nacional.

A esperança dos federalistas mais radicais, como Jacques Delors, Jean-Claude Juncker e Guy Verhofstadt, era criar um superestado democrático, com o Parlamento Europeu como assembleia legislativa e a Comissão Europeia como lócus do Poder Executivo. Mas, embora essas instituições tenham removido a soberania dos Estados-membros, não a adquiriram verdadeiramente para si mesmas. A associação de soberanias forneceu combustível a emergências na Grécia e na Itália. Mas eram emergências nacionais, e a Comissão Europeia não tem poder para tratar delas. O Parlamento poliglota pode discutir o que fazer. Mas a discussão geralmente é o mais longe a que chega, e em todas as questões sérias a iniciativa legislativa permanece com a Comissão Europeia. Além disso, o Parlamento é diverso demais, distante demais dos interesses nacionais para que as pessoas achem que realmente as representa, um fato revelado pelo baixo comparecimento (cerca de 43%) às eleições europeias. Assim os gregos, na emergência criada pela adoção do euro, voltaram-se para seu Parlamento nacional em busca de uma solução, somente para descobrir que ele perdera o controle da questão sem passar tal controle para mais ninguém.[1]

Em uma democracia, são as pessoas que conferem poder ao governo e é às pessoas que o governo responde. É por isso que as questões da soberania e da identidade estão conectadas: precisamos saber quem são essas pessoas, onde elas estão e o que as mantém unidas. Não pode haver democracia sem *demos*, um "nós" unido por

---

1. Ver o esclarecedor, embora ligeiramente egoísta, relato do ministro das Finanças grego, Yanis Varoufakis, *Adults in the Room: My Battle with Europe's Deep Establishment*, Londres, 2017.

um senso partilhado de pertencimento. A definição desse "nós" é meu tema aqui. Embora minha preocupação seja com a Grã-Bretanha, minha abordagem poderia ser igualmente aplicada à França, à Itália ou à República Tcheca (para mencionar apenas os países com os quais tenho ligação emocional). Em contrapartida, é impossível considerar a identidade, como a entendo, sem vaguear por um terreno de contingências históricas e culturais. Necessariamente devo discutir coisas específicas nas quais nós britânicos nos apoiamos ao forjar um futuro para nós mesmos, e se, ocasionalmente, olhar para o outro lado do canal, será para lembrar ao leitor que a questão da identidade é uma questão para todos os europeus pensantes, e não irá desaparecer.

A Comissão Europeia adverte repetidamente contra o "populismo" e o "nacionalismo" que ameaçam o equilíbrio da Europa, sugerindo que até mesmo suscitar a questão da identidade nacional é dar um passo para longe da civilização. E é verdade que há perigos aqui, alguns dos quais discutirei adiante. Todavia, é válido notar que nós, da anglosfera, temos uma língua na qual discutir nacionalidade que não foi corrompida por slogans belicosos, uma língua com um passado respeitável e reconhecido uso político. Quando desejamos convocar o "nós" da identidade política, nos referimos a nosso *país*. Não usamos honoríficos grandiosos e contaminados como *la patrie* ou *das Vaterland*. Referimo-nos simplesmente a este pedaço de terra, uma terra que nos pertence porque pertencemos a ela, a amamos, vivemos nela, a defendemos e estabelecemos paz e prosperidade no interior de suas fronteiras.

Além disso, como espero demonstrar, há algo específico sobre a identidade britânica que não está presente da mesma maneira em outras nações europeias. Essa coisa específica é a responsabilidade, uma característica de nosso estilo de vida e de nosso governo que permeia todas as coisas e é a origem da relutância britânica em se deixar governar por aqueles cujos apegos estão em outro lugar. Essa responsabilidade não é abstrata ou meramente legal. É uma característica do próprio país. A responsabilidade, como o povo britânico a entende e responde a ela, não se origina em nenhuma pessoa, gabinete, procedimento ou instituição particular; ela cresce no lugar onde estamos.

2.

Nosso país: esquerda ou direita

Quando a Grã-Bretanha enfrentou a perspectiva de aniquilação pelos exércitos de Hitler, George Orwell escreveu um famoso ensaio — *The Lion and the Unicorn* [O leão e o unicórnio] — urgindo os leitores a se unirem em defesa do país.[1] A habilidade dos britânicos de se defenderem, argumentou ele, fora minada de dentro, tanto pela direita quanto pela esquerda. Os confusos remanescentes da antiga classe governante e os intelectuais de esquerda que sentiam repulsa pelo sentimento patriótico e não podiam pronunciar a palavra "Inglaterra" sem um sorriso desdenhoso se combinaram na traição de seu país aos nazistas. O instinto do povo britânico era resistir à ameaça, pois era isso que tanto o dever quanto o amor exigiam. Mas o desnorteado egoísmo da classe alta e o esnobe sarcasmo dos intelectuais trabalhavam contra as pessoas comuns; o primeiro tornando a capitulação mais provável e o segundo fazendo com que parecesse uma virtude política. O ensaio de Orwell foi uma passional tentativa de mostrar que as pessoas comuns estavam certas. Elas eram confiáveis precisamente porque não estavam motivadas por interesse próprio

---

1. George Orwell, *The Lion and the Unicorn: Socialism and the English Genius*, Londres, 1941.

da classe alta nem pela presunção dos intelectuais, mas somente pela única coisa que importava: o contido amor por seu país.

O ensaio de Orwell estava tão longe quanto se podia imaginar na época da arenga nacionalista dos nazistas e das invocações kitsch de um futuro proletário dos comunistas. Era uma defesa do patriotismo, não como ódio pelos outros, mas como amor pelo que é nosso. De certa maneira, nacionalismo e patriotismo estão em polos opostos de nossas ligações. O nacionalismo (ao menos na versão inflamada proeminente na época) exibe medo e desdém pelos outros modos de vida. É vigilante ao ponto da paranoia, volta-se rapidamente contra o "inimigo interno" e, na verdade, frequentemente depende de histórias sobre um inimigo interno para obter credibilidade, como fez o nazismo. O patriotismo é baseado no respeito e no amor pelo modo de vida que temos. Ele busca incluir, não excluir, e combinar em face de uma ameaça externa. Um patriota respeita o patriotismo alheio, incluindo o do inimigo.

Orwell esperava persuadir os intelectuais de esquerda de sua época a abandonarem seu desleal antipatriotismo e se unirem à defesa do país. Não foi inteiramente bem-sucedido, como sabemos pelos espiões de Cambridge.[2] Mas seu ensaio ainda fala conosco, como voz da sanidade em uma época de loucura. Ele nos diz que o patriotismo é a condição *sine qua non* da sobrevivência e surge espontaneamente no coração humano comum. Não depende de nenhuma narrativa grandiosa de triunfo como as dos fascistas e comunistas, mas cresce dos hábitos de livre associação que nós britânicos tivemos a felicidade de herdar. É desse tipo de patriotismo que necessitamos neste momento de nossa história e, neste capítulo, falarei brevemente sobre o que isso significa.

Meu tema é a identidade que une, ou deveria unir, o povo britânico hoje. Contudo, mesmo que os britânicos sejam cada vez mais

---

2. Ver especialmente Ben Macintyre, *A Spy Among Friends*, Londres, 2014, que descreve Kim Philby e sua rede.

NOSSO PAÍS: ESQUERDA OU DIREITA

ignorantes sobre o passado de seu país, suas lealdades têm um tipo de profundidade histórica que resiste a todas as tentativas de lustrá--las na finíssima camada de tempo que é o agora. Vivemos com duas concepções rivais de nosso passado, uma de cada lado do ícone central, como beligerantes animais heráldicos. De um lado, está o povo orgulhoso, que defendeu a "ilha do cetro" por todo um milênio, nos últimos séculos do qual, em um rompante de autoconfiança, levou comércio, autogoverno e leis para o mundo todo. Do outro, está a raça dos imperialistas gananciosos, que espalharam caos no exterior e conflito em casa, em busca da dominação mundial.

Essas duas caricaturas foram fornecidas por militares e intelectuais, como Orwell os via, e, é claro, foram construídas tanto sobre verdades quanto sobre mentiras. Nos textos acadêmicos recentes, foi o "imperialista ganancioso" que prevaleceu, e a história ensinada em nossas escolas é amplamente a história esquerdista, que se demora na abusiva monarquia Stuart, nos conflitos entre ingleses e escoceses, nas expulsões das Terras Altas, na opressão de irlandeses e indianos e nas misérias da classe operária industrial. Seus heróis vão do mais ou menos desconhecido Wat Tyler da Revolta Camponesa, passando pelos mártires de Tolpuddle e pelos cartistas da Inglaterra vitoriana e chegando a Mohandas Gandhi, do movimento de independência indiano, e ela fala das "liberdades espremidas e extorquidas pouco a pouco pelo poder arbitrário".[3] Se essa versão da história tem algo positivo a dizer sobre os tempos em que vivemos, é que eles são tempos de "libertação" e "resistência" nos quais a nobre tradição da revolta está sendo conduzida à sua legítima conclusão em uma sociedade sem distinções de classe, raça ou gênero.

A história ensinada em minha *grammar school* sessenta anos atrás era a versão "ilhéus orgulhosos". Afinal, havíamos acabado de vencer uma guerra difícil contra um inimigo perigoso e, ao fazer

---

3. Palavras do parlamentar liberal Robert Lowe em 1878.

24 BREXIT: ORIGENS E DESAFIOS

isso, tornáramos o mundo mais seguro para todos, incluindo os alemães. O currículo tratava de sucessos, como a derrota da Armada Espanhola, o resgate de nosso legado protestante durante a Revolução Gloriosa de 1688 e a derrota final de Napoleão. Mas também oferecia instrutivos momentos de derrota, como a morte do capitão Scott na Antártida e a do general Gordon em Cartum, com os quais aprendemos que enfrentar a morte com dignidade era mais nobre que triunfar sobre os inimigos, por mais justificável que o triunfo pudesse ser. O verdadeiro patriota é não apenas um vencedor misericordioso, mas também um perdedor digno.

É claro que há outras versões além dessas duas caricaturas, e é um fato notável sobre nosso país que aqueles com planos para seu presente geralmente sejam inspirados a adotar uma visão de seu passado. Esse hábito já estava estabelecido durante a Restauração, em 1660, com uma torrente de historiadores monarquistas devotados a Charles, o Mártir e um acúmulo igual de narrativas da Commonwealth falando sobre a tirania Stuart e a defesa parlamentar de nossas "antigas liberdades" e do direito consuetudinário. Em um celebrado livro, o historiador Sir Herbert Butterfield traçou a emergência da "interpretação whig da história" como uma das forças modeladoras de nossa narrativa nacional, da Revolução Gloriosa até o presente.[4] De acordo com essa interpretação, nossa história recente tem sido uma narrativa de progresso, movendo-se sempre da ignorância para o conhecimento, da servidão para a emancipação, do conflito para a reconciliação e da necessidade para a suficiência material. Pertencer integralmente à ideia britânica, de acordo com a versão whig, é se unir à marcha do progresso e abandonar costumes e superstições ignorantes que enevoam a visão do futuro. Uma visão atualizada da narrativa whig modelou a cerimônia de abertura que Danny Boyle criou para as Olimpíadas de 2012 em Londres e que

---

4. Herbert Butterfield, *The Whig Interpretation of History*, Londres, 1931.

NOSSO PAÍS: ESQUERDA OU DIREITA 25

foi gratamente recebida, por muitos no público, como expressão da natureza animada e do otimismo discreto do povo britânico. O fato de que era pura fantasia não foi de interesse real para as alegres multidões que a testemunharam.

A interpretação whig foi contestada pela versão tory, de acordo com a qual nossa história tem sido um processo de dedução, uma lenta e constante extração de instituições e liberdades dos antigos presentes da monarquia, do cristianismo e do direito consuetudinário. Onde a versão whig se dedica ao registro de progressos e emancipações, a versão tory trata de estabelecimentos e instituições. Ambas olham para trás, a fim de oferecer uma narrativa de como nos tornamos o que somos. Há verdade em ambas, e elas só fazem sentido quando são vistas em seus contextos políticos integrais, como maneiras de recrutar lealdades para a posição que ocupavam.

O mesmo é verdade para versões subsequentes da história nacional. Durante os primeiros anos do século XX, a reescrita da história com a mensagem socialista enterrada profundamente em seu interior se tornou uma espécie de ortodoxia na esquerda,[5] ao passo que o movimento para a direita no período pós-Thatcher foi obra tanto de historiadores como David Starkey, Niall Ferguson e Andrew Roberts quanto de filósofos políticos e *think tanks*. Há algo em nossa cultura que tenta os ativistas políticos na direção do passado. Mesmo defensores do movimento trabalhista como E. P. Thompson e Raymond Williams olham para trás — em seu caso, para o passado da classe operária —, tendo nos corações a certeza de que a condição atual do país só pode ser entendida como resultado de um longo processo de "luta", que descrevem com pesarosa

---

5. Particularmente influentes foram as populares histórias de H. G. Wells e Sidney e Beatrice Webb, assim como *Religion and the Rise of Capitalism*, de R. H. Tawney, Londres, 1926 [*A religião e o surgimento do capitalismo*. São Paulo: Perspectiva, 1971].

ternura.[6] Do mesmo modo, defensores conservadores da soberania parlamentar e do direito consuetudinário contemplam o contínuo desenvolvimento dessas instituições durante oitocentos anos e os lentos, mas seguros, incrementos por meio dos quais sua legitimidade se tornou incontestável.[7]

Os movimentos de massa da política continental no século XX — fascismo, comunismo, nacional-socialismo — reivindicaram o futuro como seu propósito legítimo e a única coisa que importava. O patriotismo britânico, em resposta, olhou para trás, contando para si mesmo narrativas que representavam as coisas como eram através das lentes de uma longa e vindicativa história. Esse foi um hábito que Orwell percebeu e defendeu, como parte do que via como nossa gentileza nacional.

Em um livro anterior — *England: An Elegy* —, deixei claro que me inclino na direção da versão mais leniente de nossa história nacional, ou ao menos de sua parte inglesa.[8] Era um livro sobre a Inglaterra, criado mais como despedida do país que eu conhecia que como boas-vindas à nova ordem que começara a substituí-lo. Mesmo assim, muito do que escrevi se aplica à Grã-Bretanha atual, que retorna a sua condição de autogoverno em um mundo de rápidas e imprevistas mudanças. Em particular, identifiquei na história da Inglaterra um modo de construir instituições que era inseparável da ligação com a terra e do desejo de lhe dar o caráter de um lar. Fez diferença o fato de a terra estar cercada e protegida pela água, apresentar clima e temperaturas mutáveis e ter sido colonizada

---

6. E. P. Thompson, *The Making of the English Working Class*, Londres, 1963 [*A formação da classe operária inglesa*. São Paulo: Paz e Terra, 2012]; Raymond Williams, *Culture and Society, 1780–1950*, Londres, 1958 [*Cultura e sociedade 1780–1950*. São Paulo: Companhia Editora Nacional, 1969].
7. O clássico aqui é F. W. Maitland, *The Constitutional History of England*, Londres, 1908.
8. *England: An Elegy*, Londres, 2001. A visão que esbocei nesse livro recebeu alguma substância de Robert Tombs em seu magistral *The English and Their History*, Londres, 2014.

por uma mistura de pessoas cujas línguas foram sintetizadas para produzir um dialeto com um vocabulário duas vezes maior que o de seus vizinhos imediatos. E fez diferença o fato de que a lei da Inglaterra foi concebida como lei da *terra*, e não de algum rei, corte ou governo temporariamente encarregado dela.

No curso de sua história, os ingleses aceitaram monarcas de origem normanda, francesa, escocesa, galesa, holandesa e alemã, e mesmo monarcas como George I, que não falava inglês, e Cromwell, que não era de modo algum um monarca. Eles os aceitaram amplamente porque viam os monarcas como criaturas, e não criadores, das leis. Com exceção de Cromwell, todo soberano representava a si mesmo como tendo direito legal a seu domínio e — mais importante — como *sujeito* às leis e obrigado a mantê-las. (É verdade que os Stuart hesitaram sobre essa questão, mas pagaram o preço por sua hesitação.) O argumento foi explicitado pelo juiz do século XIII Henry de Bracton, em seu influente livro sobre "As leis e os costumes da Inglaterra", escrito em latim por volta de 1220 e revisado cerca de trinta anos depois. O rei, argumentou Bracton, está abaixo das leis, uma vez que são as leis que o nomeiam. Bracton não estava filosofando: estava articulando o enraizado entendimento inglês das leis como algo objetivo, permanente e parte da equipagem do país; algo não inventado, mas descoberto. Seu argumento foi repetido e elaborado pelo grande jurista e presidente do tribunal civil Sir Edward Coke, cujo *Commentary upon Littleton* [Comentário sobre Littleton], publicado em 1628, defendia incondicionalmente o direito consuetudinário como vinculatório para todos no interior do reino, incluindo o rei. No devido curso, quando o país se expandiu para incluir escoceses e irlandeses, essa concepção do direito se estendeu a eles, mesmo que os escoceses tenham mantido, e mantenham até hoje, sua própria jurisdição territorial.

Do mesmo modo, desde seus primeiros dias os conflitos de inspiração religiosa em nosso país envolveram a tentativa de afirmar soberania sobre a Igreja no interesse do poder secular e insistir que a Igreja *na* Inglaterra é também a Igreja *da* Inglaterra. Todas as três palavras desse título possuem igual importância. O entusiasmo liberado por Lutero e Calvino levou à violência na Grã-Bretanha, assim como em todos os outros lugares da Europa, por mais comparativamente amena que tenha sido. Contudo, quando a Igreja da Inglaterra renunciou a qualquer lealdade a Roma e aceitou o monarca como titular, e quando as ondas ferventes de paixão devota recuaram de nossas belas igrejas, deixando-as despidas de ornamentos e cobertas pelas vestes puritanas da argamassa e da pedra — quando o inaceitável "na" foi substituído pelo aprazível "da" —, a Igreja da Inglaterra se declarou protestante, embora adotando um "Livro de Oração Comum" no qual a sagrada comunhão é indistinguível da missa católica romana. Muitos de seus membros descreveram sua Igreja como "católica e reformada". Eles continuaram a professar sua crença na "santa Igreja católica" e na "comunhão dos santos", e a eucaristia é mais ou menos idêntica à versão católica romana, distinguindo-se amplamente por um comentário metafísico que ridiculariza o antigo nonsense em um novo nonsense próprio. Embora, durante a Reforma, a Igreja na Escócia tenha se tornado explicitamente calvinista, também se modelou como Igreja nacional, descrita desde o século XVI como Igreja da Escócia ou simplesmente Kirk.

O país emergiu das guerras religiosas para se tornar uma "união" entre Inglaterra e Escócia que já era governada havia um século por uma única Coroa. Graças ao Decreto de Estabelecimento de 1701, as leis estipulam que a Coroa deve ser conferida a ou herdada por um protestante. Quão significativo é esse fato? Alguns historiadores, liderados em tempos recentes por Linda Colley, viram o protestantismo como força homogeneizadora, estabelecendo uma cultura comum em todo o reino e, consequentemente, permitindo que uma identidade distintamente "britânica" emergisse no lugar das estreitamente concebidas identidades inglesa e escocesa que

NOSSO PAÍS: ESQUERDA OU DIREITA   29

haviam se inflamado quando os dois países entraram em guerra.[9] Mas talvez fosse o contrário: talvez os britânicos entendessem o protestantismo em termos de sua cada vez mais expansiva ideia de nacionalidade, em vez de ver sua nacionalidade em termos de fé protestante. Eles se *chamavam* de protestantes, certamente, mas não em voz tão alta que negasse a alegação da Igreja da Inglaterra de ser tanto católica quanto herdeira da sucessão apostólica. E detestavam o papa, embora, como Daniel Defoe observou, na época dos levantes contra o papado as ruas de Londres estivessem cheias de "camaradas robustos dispostos a lutar até a morte contra o papa, sem saber se era um homem ou um cavalo". A competição com Roma permaneceu o que sempre fora: uma disputa sobre jurisdição e soberania e a tenaz aderência aos costumes locais e aos compromissos históricos como fontes verdadeiras do governo legítimo. É apenas exagero dizer que a atitude do povo britânico em relação ao bispo de Roma no fim do século XVII antecipou sua atitude em relação ao Tratado de Roma hoje. Ambas as atitudes afirmam a soberania do povo contra as impertinentes alegações de um poder externo.

A ideia de sucessão protestante, portanto, deve ser construída nesse espírito. Durante um século ou mais antes que o Decreto de Estabelecimento fosse aprovado, o catolicismo romano significou lealdade a Roma, à Espanha ou à França, em conflitos que foram críticos para o futuro do país. O povo britânico se importava menos com as origens, os títulos ou a sanidade de seus reis e rainhas que com seu compromisso em fazer cumprir as leis da terra, as próprias leis em nome das quais os monarcas governavam e que, se necessário, podiam ser usadas para depô-los. O verdadeiro significado da lei da sucessão, como o povo britânico agora a interpreta, não é que o monarca deva ser protestante em qualquer sentido real do termo; afinal, de quantas pessoas vivas isso realmente poderia ser dito? É

---

9. Linda Colley, *Britons: Forging the Nation, 1707–1837,* New Haven, 1992.

que ele ou ela deve estar total e exclusivamente comprometido com a manutenção das leis e da soberania do reino. Vemos claramente nos vestígios do conflito entre católicos e protestantes na Irlanda do Norte que se trata de soberania, não de religião, e que esse conflito está relacionado a respostas rivais à pergunta: "Quem é meu vizinho?" Durante as crises do século XX, o envolvimento ativo da patriótica família real foi uma das mais poderosas lembranças de que pertencemos juntos a esse lugar que é nosso. Aos olhos do povo, a afirmação da identidade e da unidade nacionais permanece sendo o principal dever da Coroa, e seu voluntário cumprimento desse dever é a razão pela qual a rainha e a família real permanecem tão firmemente ancoradas nos afetos das pessoas.

A Revolução Gloriosa de 1688, a adoção de William e Mary como monarcas e o Decreto de União com a Escócia de 1707 foram seguidos por anos de comparável paz nos quais foi amplamente aceito que, papado à parte, a religião se tornara uma questão cerimonial, uma maneira necessária de dignificar importantes eventos públicos e uma devoção privada que oferecia consolo aos que precisavam dele, mas não era a fonte real de unidade social ou política. Escrevendo para a *Spectator* em 1712, Joseph Addison expôs esse ponto sucintamente: "Temos na Inglaterra um acanhamento particular em tudo que se refere à religião." O tópico se tornara tão inapropriado quanto sexo ou higiene, e permanece assim até hoje. Talvez isso não fosse tão verdadeiro na Escócia, com seu veemente legado calvinista e presbiteriano. Mesmo assim, o filósofo David Hume defendeu um argumento similar, escrevendo em 1748 que seus compatriotas (termo no qual incluía tanto ingleses quanto escoceses) exibiam "a mais fria indiferença, no tocante a questões religiosas, encontrada em qualquer nação do mundo".[10] Em meados do século XIX, o fervor religioso estava desaparecendo tanto no norte quanto no sul das

---

10. David Hume, "Of National Characters", 1748.

NOSSO PAÍS: ESQUERDA OU DIREITA

fronteiras. O censo de 1851 mostrou que somente 50% dos britânicos eram devotos regulares, um número que caía para 25% em algumas cidades. E, um século depois, George Orwell foi capaz de escrever que o povo britânico praticamente não possuía crença religiosa, mesmo que mantivesse a essência do sentimento cristão.[11] Esse sentimento cristão se mostra em uma solidariedade generalizada pelos que passam por dificuldades e um tranquilo espírito de cooperação em face de emergências. E Orwell desejava construir, em torno desse relato ligeiramente negativo de nossas virtudes nacionais, uma descrição de "quem somos" que fosse aceitável para todos aqueles de quem o país dependia na guerra contra Hitler.

Do mesmo modo, busco uma descrição de "quem somos" que sirva para unir os cidadãos de nosso país por trás de seu renovado status como Estado soberano independente. E, como Orwell, sou atraído pelo resíduo espiritual que permanece quando todas as contenciosas alegações da religião e da ideologia são postas de lado e somente os hábitos cotidianos de boa vizinhança permanecem. Orwell acreditava que isso seria suficiente, e concordo com ele.

É claro, a sociedade etnicamente unificada e consciente de suas classes sobre a qual Orwell escreveu desapareceu em grande medida. A imigração em massa e o multiculturalismo nos modificaram profundamente, e as fechadas comunidades operárias do tempo de Orwell foram dispersadas ou marginalizadas. Mesmo assim, creio que podemos, em nossa nova e soberana condição, solucionar o problema da integração social. Pois a boa vizinhança cotidiana que nos é tão familiar não é superficial. É o produto de um longo experimento de comunidade, resultando em uma cultura de "estar lado a lado" que tem equivalentes em outros lugares, mas é a maneira pela qual o povo britânico resolve seus conflitos e coopera na construção da confiança. Para nós, as escolhas políticas são sustentadas

---

11. Orwell, *The Lion and the Unicorn*, op. cit.

BREXIT: ORIGENS E DESAFIOS

pela soberania das pessoas, mediadas pelo Parlamento e pelo direito consuetudinário, e as pessoas estão unidas porque partilham um lar e uma há muito estabelecida maneira de governá-lo. Não somos únicos nisso: ao contrário, somos um exemplo de um ideal europeu, o ideal da vizinhança como fonte da ordem política. Embora tenhamos sido submetidos a um experimento de diversidade religiosa e étnica, permanece verdadeiro que a soberania nacional e o senso de lugar são pedras fundamentais de nosso capital social e a fundação do lar que construímos com ele. Quem somos é *onde* estamos.

O lar é uma força personalizante: ele dota objetos, costumes e instituições de um caráter moral, de modo que respondemos a eles como respondemos uns aos outros, "de mim para você". Acredito que é isso que jaz no cerne de nossa experiência de identidade. Os britânicos, como seus primos holandeses e escandinavos, são "afiliadores" por natureza: eles se relacionam mais facilmente com clubes, regimentos, escolas, pubs e times que com seres humanos individuais. Ou melhor, acham as relações humanas mais naturais, mais fáceis de conduzir sem constrangimento, quando ocorrem entre pessoas que já estão unidas por laços de filiação.[12] Por mais longe que olhemos em nossa história, encontramos esses "pequenos pelotões" sobre os quais Burke escreveu: pontos focais de lealdades locais, porém duráveis.[13] Das guildas aos sindicatos, dos cabidos catedráticos às bandas de música das minas de carvão, das escolas públicas aos escoteiros e ao Instituto das Mulheres, da Venerável Companhia de Ferreiros ao Instituto de Diretores, dos Highland Games à Sociedade Escocesa de Antiquários, você encontrará o mesmo instinto "clubista", que prefere os costumes, a formalidade e

---

12. Os americanos partilham dessa característica, que foi mencionada por Tocqueville como responsável pela extraordinária estabilidade da colonização americana, a despeito da democracia e da igualdade: *Democracy in America*, 1835 [*A democracia na América*. São Paulo: Martins Fontes, s/d].

13. Edmund Burke, *Reflections on the Revolution in France*, 1791.

NOSSO PAÍS: ESQUERDA OU DIREITA

a afiliação ritualizada ao rebuliço das multidões, e que impõe uma quieta e cordial disciplina no lugar da emoção social espontânea.

É claro, as emoções da multidão também estão presentes, e no futebol, que tem sido o centro de nosso relaxamento nos fins de semana desde os tempos elisabetanos, as partidas se tornaram um drama central da rivalidade entre as tribos. Mas mesmo aqui um etos de contida filiação geralmente prevalece sobre o desejo de tumulto, e o torcedor se alegra mais com sua despretensiosa lealdade ao time que com os triunfos no estádio.[14] Mesmo durante uma partida entre Celtic e Rangers, quando os fãs gritam seu ódio e seu desprezo de um lado a outro do estádio, eles duram apenas momentaneamente e ocorrem por pura formalidade, sendo menos importantes que o replay mais tarde no pub.

Para os galeses e escoceses, assim como para os ingleses, seu país tem sido um lar, formado por pequenas comunidades, times e clubes, no qual igrejas e capelas prosperam entre formas mais seculares de recreação. Sua identidade foi formada por meio de um relacionamento pessoal com um lugar consagrado pelas coisas que acontecem nele, e que acontecem da mesma maneira casual que um jogo de futebol. O sentimento dos galeses por seu modo de vida foi capturado para a eternidade por Dylan Thomas, em sua excelente "peça para vozes" *Under Milk Wood* [Sob o bosque de leite] (1954), ao passo que clássicos como *Diário de um ninguém* (1892), de George e Weedon Grossmith, e *O vento nos salgueiros* (1908), de Kenneth Grahame, fornecem aos leitores ingleses a reconfortante visão de um lugar que sempre estará presente em seus sonhos e aspirações, por mais distantes que estejam da realidade.

É difícil transcrever esse tipo de identidade, derivada de lugar e vizinhança, e não de fé ou doutrina, para um credo. Contra os

---

14. Ver Nick Hornby, *Fever Pitch*, Londres, 1996 [*Febre de bola*. São Paulo: Companhia das Letras, 2013].

34   BREXIT: ORIGENS E DESAFIOS

fascistas e comunistas, que ofereciam uma marcha para o futuro atrás de uma faixa tremulante de doutrina, Orwell só podia apelar para impressões, memórias e resíduos espalhados de vida. Em um ensaio intitulado "England Your England", ele se viu reduzido a definir seu país como um amontoado de sensações:

> O estalar dos tamancos nas cidades fabris de Lancashire, o ir e vir dos caminhões na Great North Road, as filas em frente às centrais de emprego, o barulho das máquinas de pinball nos pubs do Soho, as solteironas indo de bicicleta para a santa comunhão em meio à nevoa das manhãs de outono — todos esses são não apenas fragmentos, mas fragmentos *característicos* da cena inglesa.[15]

Mas todas essas sensações, com exceção dos caminhões no que hoje é uma autoestrada, pertencem ao passado e devem sua importância somente ao fato de que um escritor talentoso as notou. A questão é que Orwell estava descrevendo não um povo, mas um lugar, e, ao mesmo tempo, identificando esse lugar em termos das relações pessoais que nele floresciam. Para Orwell, seu país não era uma nação, um credo ou uma língua, mas um lar.

As coisas do lar não precisam de explicação. Elas estão lá porque estão. Era uma das mais notáveis características dos ingleses e, até recentemente, também dos escoceses o fato de precisarem de tão poucas explicações sobre seus costumes e instituições. Eles seguiam em frente, sem ninguém perguntar por que nem ninguém, se perguntado, saber responder. Os observadores continentais frequentemente nos acusam de desrespeito pela razão e indisposição para pensar bem nas coisas, como agora na votação pelo Brexit. Mas, se o resultado de pensar nas coisas é o paradoxo, por que a razão deveria exigir isso?

---

15. "England Your England", em *The Lion and the Unicorn*, op. cit.

NOSSO PAÍS: ESQUERDA OU DIREITA   35

Os franceses pensaram bem nas coisas durante sua revolução, e o resultado foi acuradamente resumido por Robespierre: "o despotismo da liberdade." Contradição impenetrável é o que se deve esperar quando se tenta começar do zero, recusando-se a reconhecer que costumes, tradições, leis e um espírito de cooperação sem exigências são o melhor que os seres humanos podem obter a título de governo. Assim, durante vários séculos ficamos contentes com uma constituição verbal, um Parlamento cujos poderes permanecem indefinidos, uma forma de soberania que não pode ser rastreada a nenhuma instituição ou pessoa específica, um sistema de justiça no qual as leis mais importantes não estão escritas e padrões de administração local que não podem ser explicados nem mesmo por aqueles que os seguem. E, quando políticos tentam retificar a questão, a fim de impor ordem racional no lugar da desordem razoável, usualmente terminam com uma bagunça maior do que começaram, como Tony Blair quando propôs "reformas" ao sistema judiciário e criou um Parlamento escocês sem pensar em criar um Parlamento inglês que pudesse equilibrá-lo.

Casa é o lugar onde você pode ser você mesmo e fazer suas coisas. Respeite os rituais e os deuses domésticos e, quanto ao restante, faça o que tiver vontade. Assim, quando as pessoas se sentem em casa, elas se permitem passatempos e extravagâncias. Tornam-se amadoras, especialistas e excêntricas. Colecionam selos, borboletas ou latas de biscoito; competem na plantação de vegetais, criação de cães ou pombos-correio e se unem a seus vizinhos para fazer música, jogar boliche ou construir motores a vapor. A excentricidade dos britânicos deriva naturalmente do fato de eles se sentirem em casa em seu mundo e seguros nele.

O mesmo é verdade para seu amadorismo. Não foi somente o império a ser adquirido por empreendimentos privados e "em um momento de desatenção".[16] Em tempos recentes, quase toda a ordem

---

16. Sir John Seeley, *The Expansion of England*, 1938.

social do país surgiu de iniciativas privadas. Colégios, faculdades e universidades; municipalidades, hospitais e teatros; festivais e mesmo regimentos do exército contam a mesma história: algum amador imbuído de espírito público levantando fundos, estabelecendo premissas, adquirindo instalações e então legando o empreendimento para um conselho de administradores ou para a Coroa, com o Estado aparecendo, quando aparece, somente após o evento, a fim de garantir a sobrevivência e a propagação de boas obras que jamais teria iniciado por si mesmo. Essa é a maneira de agir das pessoas que estão em casa e se recusam a receber ordens dos que veem como outsiders. Sua atitude em relação à oficialidade reflete sua convicção de que, se algo precisa ser feito, então a pessoa que deve fazer é você. Mesmo o soberano, ao embarcar em alguma empreitada de caridade, geralmente o faz como indivíduo particular, criando instituições autônomas fora do controle do Estado. (Veja a Sociedade Real, a Fundação da Rainha Elizabeth para Pessoas Deficientes, os prêmios Duque de Edimburgo, o Prince's Trust, o Fundo Real da Princesa para Cuidadores e assim por diante; a rainha hoje é patrona de mais de quinhentas instituições de caridade, e a família real apoia mais de 3 mil em todo o mundo.)

Redes de autoajuda são naturais e existem sempre que o Estado não as extingue, como fez na França revolucionária e, mais tarde, na Europa nazista e comunista. A França se recuperou das aspirações totalitárias dos revolucionários, mas amplamente porque Napoleão recriou o tecido da sociedade civil por meio de uma rede de cargos estatais. Nessa conexão, devemos tomar nota do contraste indicado por Robert Tombs entre dois "mitos" de identidade nacional: o mito da carta magna, que se tornou parte fundamental da autoimagem britânica durante o século XIX, e o mito da "vanguarda", que desempenhou papel tão importante na superação dos conflitos civis na França, na Itália e na Alemanha.[17] O mito da carta magna nos diz

---

17. Robert Tombs, "Europeanism and its Historical Myths", em David Abulafia (ed.), *European Demos: A Historical Myth*, Londres, 2015.

NOSSO PAÍS: ESQUERDA OU DIREITA 37

que aqueles que detêm o poder, mesmo que usem a coroa, devem sempre responder às pessoas abaixo deles e — se passarem dos limites — enfrentar um tribunal de seus súditos, como fez o rei John em 1215 em Runnymede. O mito da vanguarda fala da legitimidade do exercício do poder por aqueles — os especialistas, os intelectuais, os libertadores — que possuem o conhecimento requerido para liderar as pessoas até uma salvação que jamais conseguiriam por si mesmas.

A vanguarda supostamente está acima da crítica popular e não pode ser desafiada de nenhuma posição além da sua. Em contraste, os soberanos ingleses sempre respondem, no fim, às pessoas sob eles. O contraste aqui é pertinente para visões rivais da Europa: a da Comissão Europeia, que se recusa a aceitar qualquer divergência de seu plano final, e a do povo britânico, que vê a União Europeia como aliança de Estados soberanos, cada um dos quais deve responder às pessoas de quem sua soberania deriva. Consequentemente, o povo britânico reage com estupefação quando eleitorados que votam em um referendo contra o plano da União — como fizeram os holandeses, os franceses e os irlandeses — são ignorados ou solicitados a votar novamente ou quando governos eleitos com problemas, como os da Itália e da Grécia, são privados das opções necessárias à sobrevivência nacional.

Retornarei à distinção de Tombs. Mas devemos tê-la em mente nesse momento, uma vez que ela define duas narrativas distintas de legitimidade, cada qual desempenhando um papel na situação em evolução em nosso continente. Mitos não são simplesmente falsidades: eles são parábolas que contêm uma verdade oculta sobre as aspirações das pessoas e as maneiras pelas quais elas as realizam. Napoleão, apoiando-se no mito da vanguarda, colocou a educação e a religião sob a égide do Estado, costurou o tecido rasgado da sociedade civil e criou um sistema de cima para baixo de gabinetes e instituições do qual sucessivas repúblicas francesas dependeram e dependem até hoje. Ele reorganizou as leis com base nos princípios do direito romano, enfatizando os editos do poder soberano sobre os julgamentos dos tribunais. E, através das conquistas, disseminou o resultante *código napoleônico* por grande parte da Europa.

BREXIT: ORIGENS E DESAFIOS

Em nosso país, em contraste, as fundações privadas, os círculos amadores, os clubes e as sociedades de auxílio mútuo remodelaram a sociedade civil sem ajuda explícita do governo, enquanto o direito permaneceu essencialmente consuetudinário, extraído dos julgamentos dos tribunais, e não ditado pela legislatura. Não foi o Estado, mas as igrejas, as capelas e as associações filantrópicas de cidadãos que levaram educação para o povo. Não foi o Estado, mas sociedades de auxílio mútuo, fundos de investimento imobiliário e empregadores caridosos como Robert Owen e a família Cadbury que primeiro forneceram habitações para a força de trabalho industrial. Não foi o Estado, mas os dispensários do povo e os hospitais de voluntários que levaram os benefícios da medicina moderna para os pobres. Os reais avanços de saúde pública no século XIX se deveram, por um lado, à determinação de Florence Nightingale de transformar a enfermagem em ciência e profissão e, por outro, aos médicos e cirurgiões que fundaram a Associação Provincial Médica e Cirúrgica em 1832, um corpo que se tornaria a Associação Médica Britânica em 1856, criando um jornal inovador e levando o Parlamento a se interessar pela saúde da nação.

Sociedades de amadores floresceram em outros lugares da Europa, notadamente nas partes falantes de escandinavo e holandês sob a égide do Império Austro-Húngaro.[18] Mesmo assim, nosso caso foi excepcional. Pois — como argumentarei mais detalhadamente no capítulo 5 — nosso sistema legal dá credibilidade a iniciativas privadas e as protege do ciúme dos legisladores. Como resultado, cresceu em nosso reino, especialmente na Inglaterra, uma atitude única em relação à oficialidade e às regras e regulações que os governos modernos impõem. Embora o povo britânico sempre tenha se encantado com a cerimônia e a tradição, também sabe que são invenções humanas. A autoridade é intangível; ela não pode ser identificada a nenhum ser humano e, certamente, a nenhum oficial de

---

18. Para um útil sumário, ver Stefan-Ludwig Hoffmann, *Civil Society*, Londres, 2006.

NOSSO PAÍS: ESQUERDA OU DIREITA

uniforme. Consequentemente, o amor pelos costumes, precedentes e rituais antigos sempre foi temperado pela vontade de rir deles, não com malícia, mas gentil e ironicamente, como modo de reconhecer sua proveniência meramente humana. O império chegou a seu zênite de pompa e circunstância na mesma época em que Gilbert e Sullivan escreveram óperas que satirizavam seus corpos governantes: o pariato, o Judiciário, o exército, a marinha e mesmo a própria realeza. E as novas hierarquias de governo em nossa era democrática são aceitas por meio de uma similar ridicularização em *Yes, Minister* e *The Thick of It*.

Essa atitude em relação à oficialidade deriva em parte do peculiar status da pessoa comum nas jurisdições consuetudinárias. A celebrada ordem judicial de *habeas corpus*, emitida em nome do rei, comanda quem quer que tenha aprisionado um súdito da Coroa a entregá-lo para julgamento no tribunal real. Essa ordem é emitida como petição de quem quer que tenha motivo e preserva o antigo direito consuetudinário à liberdade, gozado por todos os súditos de sua majestade. O papel do rei é garantir essa liberdade, e a ordem o lembra disso. Muito foi escrito sobre o *habeas corpus* e seu efeito, através dos séculos, de manter a liberdade individual no coração da justiça de língua inglesa.[19] Ele representa um aspecto de uma tendência geral do direito inglês desde sua primeira emergência clara no início da Idade Média, que é a de se desenvolver como defesa nas mãos do sujeito individual, e não como arma com a qual comandá-lo e oprimi-lo. Retornarei a esse tópico no capítulo 5, mas

---

19. Ver, por exemplo, Anthony Gregory, *The Power of Habeas Corpus in America*, Cambridge, Cambridge University Press, 2013; George Parkin Grant, *English-Speaking Justice*, New Brunswick, 1974. Uma versão do *habeas corpus* foi introduzida na Escócia pelo então Parlamento da Escócia na Lei de Procedimentos Criminais de 1701. Para as complexidades do direito escocês durante a transição do século XVIII de velho sistema de direito romano para o híbrido atual, ver o eloquente e comovedor relato de Sir Walter Scott em *The Heart of Midlothian*, em particular o capítulo XXIII.

ele deve ser mantido em mente, uma vez que explica parcialmente um fator crucial nos eventos recentes, que é a recusa do povo inglês de receber ordens daqueles a quem, ao menos de seu ponto de vista, não conferiu direito de governo.

Embora nossa liberdade tenha raízes no direito consuetudinário e no longo e às vezes agressivo diálogo entre Coroa e Parlamento, ela deve sua proeminência como ícone nacional à evolução do país desde as guerras napoleônicas. Na época da primeira Lei da Reforma de 1832, que estendeu o direito ao voto a grandes parcelas de homens de classe média, a identidade do "Reino Unido" era um fato estabelecido. Os escoceses e os irlandeses protestantes aceitaram ser incluídos na concepção revisada de país, e o Decreto de União com a Irlanda de 1800, seguido pelo Decreto de Emancipação Católica de 1829, convidou os irlandeses a participar integralmente do acordo. Os anos que se seguiram não foram harmoniosos: as expulsões das Terras Altas continuaram, assim como a opressão dos pequenos proprietários irlandeses, exacerbando a desastrosa fome de 1845–1852. Também continuaram a migração em massa para as cidades industriais, a exploração do trabalho infantil e os regimes desumanizantes nas fábricas.

Contudo, como já comentado, os britânicos geralmente não confrontam os problemas com uma atitude de resignação e *laissez-faire*. Seu instinto é se associar a fim de resolvê-los. As leis das fábricas, as sociedades de auxílio mútuo, os fundos de investimento imobiliário, as escolas paroquiais, os dispensários do povo, o movimento cartista, a segunda Lei da Reforma, que estendia o direito ao voto a grandes parcelas de homens da classe operária, o crescimento do movimento trabalhista — essas e muitas outras iniciativas sociais e políticas superaram os piores problemas na Inglaterra e asseguraram que o "nós" pré-político da Grã-Bretanha fosse forte o bastante para reconciliar os muitos ressentimentos. O opressivo sistema de posse de terras na Irlanda e o desdém da classe proprietária constituída

NOSSO PAÍS: ESQUERDA OU DIREITA 41

amplamente de ingleses protestantes por seus arrendatários irlandeses católicos significaram que esse "nós" seria visto pelos últimos com justificada raiva. Somente agora, após dois séculos de amargura, os dois países estão se aproximando de algum tipo de acomodação, e um dos mais poderosos argumentos em defesa da União Europeia é o fato de ter facilitado esse processo.

Apesar dessa grande ferida, o século XIX levou a um Reino Unido que, em meados do século XX, estava orgulhoso de sua independência e era sustentado pela lealdade de suas quatro nações constituintes. Os britânicos passaram a se ver como vivendo em um "país livre" e a encarar essa liberdade como qualidade das instituições sob as quais viviam e o espaço onde operavam. A maioria estava consciente de ter sorte por gozar de um sistema universal de educação e de um serviço de saúde gratuito e reconhecia, a despeito de uma minoria discordante, que as instituições parlamentares e a monarquia constitucional eram a garantia da ordem e da estabilidade. Mas todos esses grandes benefícios eram secundários, em suas mentes, à liberdade muito especial de que gozavam nas vidas cotidianas.

Os afortunados o bastante para viajar encontravam essa liberdade, como uma brisa refrescante, ao chegarem em "casa" vindos do "estrangeiro", e sentiam que agora estavam seguros. A liberdade era vista como herança, como característica de um modo de vida, e não entendida em termos de multiplicidade de opções ou, muito menos, como parte de uma lista de direitos civis. Era um modo de ser partilhado, fundado na confiança mútua e produto de instituições que não foram criadas em um dia, mas passaram de geração em geração como posses públicas. O cidadão livre era marcado por uma orgulhosa independência, um respeito aos outros e um senso de responsabilidade pelo modo comum de vida e pelas escolhas que esse modo de vida protegia. Equidade, aceitação da excentricidade e relutância em se ofender, combinadas à aversão pela agressão e pela calúnia, eram atributos dos britânicos e pertenciam a eles em virtude de instituições públicas nas quais confiavam e as quais haviam aprendido a defender, em pensamentos e ações, daqueles que poderiam destruí-las. Tais cidadãos lutaram pela liberdade de seu país e por sua própria liberdade como parte desse país. E esse, em resumo, era o caráter britânico.

Mas nada na história permanece imóvel. Anos de paz e prosperidade, o declínio da fé cristã, a migração em massa e a disseminação global do comércio e das comunicações, além de outras vastas mudanças, produziram uma geração de jovens mais sintonizados com as redes que os conectam a seus pares que com as liberdades pelas quais seus avós lutaram. Durante a vida, não foram confrontados com emergências para as quais a única resposta convincente é o patriotismo, embora os jihadistas estejam trabalhando duro para mudar isso. Assim, em que concepção ampla do acordo e do caráter britânicos podemos nos apoiar ao exortar nossos compatriotas a se identificarem com seu país como corpo político independente em um lugar próprio?

Foi justamente ao confrontar essa questão que políticos recentes cometeram seus maiores erros. O primeiro-ministro Gordon Brown falou muito sobre os valores britânicos e em vários discursos tentou defini-los. Ofsted, encarregado do currículo escolar, aceitou o desafio e nos disse que os valores britânicos incluem a democracia, o estado de direito, a liberdade individual e a tolerância em relação a todas as fés e aos que não professam nenhuma. E, é claro, isso se adequa à narrativa que fiz e à narrativa feita por Orwell 75 anos atrás. E mostra o reconhecimento bem-vindo, embora tardio, do dever dos imigrantes de tolerar aqueles entre os quais se estabelecem, quaisquer que sejam as diferenças de costumes e fés. Mas isso define a "britanidade" em termos de valores, em vez do contrário.

Foi precisamente aquilo que nos distingue — essa ilha que é nosso lar e as instituições políticas que a domesticaram — que criou o tipo particular de liberdade e união que deu credibilidade ao mito da carta magna. Responsabilidade democrática, liberdade individual, observância da lei e tolerância foram adquiridas durante muitos séculos, e não sem amargos conflitos. Mas as aceitamos porque elas nos falam sobre *como as coisas são feitas aqui*, nesse lugar que é nosso. Queremos que os recém-chegados pertençam a esse lugar. E, embora isso possa envolver mudanças radicais em sua maneira de fazer as coisas e a adoção dos valores declarados, não é suficiente adquirir esses valores se, ao fazê-lo, eles não adquirem a ligação dos britânicos com seu lar. Essa ligação é a coisa crucial, e jaz mais profundamente que todos os costumes e ambições que surgem dela.

O caso é comparável ao de uma família dividindo uma casa. Muitos dos hábitos e atitudes de uma família são partilhados, mas seus membros não estão em casa meramente porque esses hábitos e atitudes os cercam. Outras casas podem ter hábitos similares: não são os hábitos que fazem a casa, mas a casa que faz os hábitos. As pessoas se comportam de maneira partilhada e previsível porque pertencem ao mesmo lugar. Pertencer é o fato *básico*, e pode não admitir nenhuma explicação posterior. E isso é verdade tanto para os jovens quanto para seus pais e avós.

Consequentemente, embora muito se possa dizer sobre nossa herança legal e política única, é a própria imagem do país, como pedaço colonizado de terra, que cristaliza a sensação prevalente de quem somos. É lugar-comum que o clima temperado e o tempo sempre incerto estão conectados ao nosso caráter fleumático e são parcialmente responsáveis por nosso hábito de minimizar emergências. Mas a influência dos atributos físicos do país é mais profunda que isso. A extraordinária variedade de solos, as formações rochosas, a abundância de estuários e enseadas, as correntes oceânicas e a acessibilidade de cada parte da ilha a todas as outras criaram uma experiência única de lugar, que se expressa em nossas instituições e leis, em nossa atitude para com o restante do mundo e na vida cotidiana de nossa gente.[20]

A influência ocorre em ambos os sentidos: o país modelou seus habitantes, que, por sua vez, modelaram o país, entre outras coisas através da abordagem de baixo para cima das leis e dos direitos de propriedade, abordagem essa que é o mais conspícuo legado das formas anglo-saxônicas de governo. As áreas rurais inglesas e galesas são um quadriculado de limites e direitos de passagem. Sebes e muros de pedra formam a colcha de retalhos tão admirada por aqueles que não enfrentam o problema de cultivá-la. Embora muitas áreas cercadas sejam resultado de leis parlamentares, elas reforçam a regra da propriedade privada. Foi somente no século XX, com a criação da Comissão Florestal em 1919 e as expropriações requeridas pelas duas guerras mundiais, que o Estado se tornou o maior proprietário de terras. E tudo que as pessoas amam em nosso cenário ainda depende de limites, que tanto afirmam os direitos do proprietário quanto permanecem frequentemente permeáveis ao restante de nós.

É claro que o mesmo não pode ser dito da Escócia, onde a beleza das Terras Altas depende precisamente de sua qualidade irrestrita, erguendo-se acima dos vales onde vestígios de muros e cercados de ovelhas, desgastados pelo tempo, marcam limites e populações que desapareceram. Mas os escoceses permanecem tão ligados à paisagem quanto os ingleses, e ela tem o mesmo lugar em sua arte e literatura, dos poemas de "Ossian" e dos romances de Walter Scott à música de Sir Peter Maxwell Davies e Sir James MacMillan.

A abordagem de baixo para cima das leis e da propriedade anda de mãos dadas com a oposição local aos planos excessivamente ambiciosos. É a isso que devemos os contornos desordenados dos

---

20. Ver Harry Mount, *How England Made the English: From Hedgerows to Heathrow*, Nova York, 2012.

NOSSO PAÍS: ESQUERDA OU DIREITA

vilarejos e das cidades de mercado, e foi o esforço para preservar esses contornos que levou ambos a resistirem à arquitetura modernista e tentarem a todo custo preservar a pátina — e até mesmo *construírem* pátina, como em Poundbury, em Dorset, ou Knockroon, na Escócia, uma tentativa que pertence ao grande projeto, personificado por Sir John Betjeman, de tratar todo o país como um vilarejo de brinquedo.[21]

Portanto, não são apenas nossas cidades e vilarejos que devem seu apelo às vizinhanças não planejadas. O mesmo é verdade para a região rural do sul, que emergiu de um mutável consenso no qual os atritos entre a vizinhança e os litígios consuetudinários eram muito mais importantes que os planos de cima para baixo. Do mesmo modo, a paixão pelo pitoresco levou a algumas tentativas radicais de planejar a área rural, frequentemente com pouca consideração por seus ocupantes. Mas a intenção era criar outra versão da ordem espontânea que estava sendo destruída. O mesmo é verdade para as leis de planejamento do pós-guerra, que tinham a preservação do cenário rural como principal objetivo.

Embora quase todos nós vivamos em cidades, retemos a ideia do campo como lugar ao qual realmente pertencemos, o lugar ao qual retornaremos um dia, para reassumir o ritmo tranquilo do qual fomos separados pelo turbilhão moderno. É por isso que *O vento nos salgueiros* — essa invocação de uma paisagem na qual só residem animais inofensivos — permanece tão popular; que a imaginação britânica se sente naturalmente em casa em Hogwarts, como imaginado por J. K. Rowling; e que *The Archers*, mesmo após sua tomada pelos encrenqueiros urbanos, retém sua (amplamente urbana) audiência. E não é somente a cultura popular que dota o

---

21. Nenhum relato detalhado do que os contornos físicos de nosso país significaram para gerações recentes do povo britânico pode ignorar o trabalho de Sir John Betjeman, que descreveu, celebrou e satirizou seus profundos depósitos de significado.

campo de significado icônico. Ao menos desde o Iluminismo, nossas literatura, arte e música sérias foram consistentemente pastorais em sua inspiração. Sem o campo e tudo que ele significa, não haveria Coleridge, Wordsworth, Jane Austen, irmãs Brontë, Walter Scott, George Eliot, Thomas Hardy, Elgar, Vaughan Williams, Ivor Gurney, Constable, Crome ou Turner. Quando, no século XIX, as pessoas começaram a confrontar as questões suscitadas pela migração em massa para as cidades e pelo surgimento das fábricas, foi em parte com a ideia de proteger o campo de ainda mais espoliação nas mãos dos industrialistas.

Esse sentimento pelo campo influenciou profundamente a urbanização da Inglaterra e da Escócia. Do século XVIII em diante, as construtoras forneceram versões envasadas do ambiente rural — praças verdes, pequenos parques, ruas ladeadas de árvores, às vezes jardins na frente e nos fundos das casas —, com pouco respeito pelo tipo de economia no uso da terra que vemos na Itália ou na França. As cidades do século XIX foram construídas como coleções de subúrbios ou modelos de assentamento industrial, como a New Lanark de Robert Owen, na Escócia, e Bourneville, da família Cadbury, perto de Birmingham. Elas cresceram de um sentimento subconsciente de que construir é invadir a natureza e de que sempre devemos pedir desculpas por essa invasão. Quando as cidades se expandiram, o mesmo aconteceu com os pedidos de desculpas, uma atitude que levou ao movimento pela "cidade-jardim" de Sir Ebenezer Howard.

Esse movimento continua vivo e é uma das forças na grande controvérsia sobre o uso da terra precipitada pela crise de habitação. Além disso, ilustra uma particularidade do povo britânico, que é o fato de ele ficar infeliz se não tiver contato com o solo.[22] Por mais pobres que sejam, os britânicos evitam os prédios altos e tentam

---

22. Ver a pesquisa realizada por Nicholas Boys-Smith para a Create Streets, documento de pesquisa de 14 de março de 2014, www.createstreets.com.

NOSSO PAÍS: ESQUERDA OU DIREITA

viver onde podem abrir a porta e olhar para seu pedaco de território. Os fundos de investimento imobiliário e as sociedades de auxílio mútuo surgiram para satisfazer essa necessidade de se estabelecer em um lugar próprio e, por fim, aposentar-se nele, plantando flores na frente e vegetais nos fundos da casa. Nossos centros de jardinagem, revistas de paisagismo, o *Gardeners' Question Time* no rádio e centenas de outros fragmentos, muito mais importantes que os mencionados por George Orwell, revelam o verdadeiro coração do povo britânico, que é o lugar onde ele realmente está, onde ninguém tem o direito de incomodá-lo e onde pode pegar um forcado ou uma pá e enfiá-los em seu próprio solo.

Esses sentimentos são tão poderosos hoje quanto eram quando a força de trabalho industrial começou a migrar para as cidades. E explicam parcialmente por que o movimento ambientalista surgiu tão cedo na Grã-Bretanha. Já em 1844, Wordsworth fazia campanha contra as ferrovias em defesa de seu amado Lake District. O advogado George Shaw-Lefevre fundou a Sociedade de Preservação dos Comuns, dos Espaços Abertos e das Trilhas em 1865 e John Ruskin organizou a Guilda de São Jorge em 1870. Sociedades se formaram em todo o país para proteger as florestas cada vez menores e as faixas litorâneas ameaçadas. Uma discípula de Ruskin, Octavia Hill, associou-se a outros para fundar o National Trust em 1895, e o fato de que essa associação privada agora tem 5 milhões de membros, para os quais as visitas ao campo são momentos vitais de relaxamento e renovação, diz algo importante sobre a fonte real de nosso sentimento nacional.

Essa iconização do campo não deveria nos surpreender: a distinção entre "casa" e "exterior" é enfatizada em todas as direções pelo mar. O sistema único de leis e direitos de propriedade que garantiu a paz do Reino Unido também está inscrito na terra. Sebes e muros falam do direito privado de excluir pessoas; caminhos, trilhas e áreas verdes falam da recusa das pessoas em serem excluídas. Nossa área

BREXIT: ORIGENS E DESAFIOS

rural é negociada e pertence, em certa medida, a todos nós, tendo sido modelada por um modo de vida único e pela disposição nativa ao compromisso. Daí a fundação, em 1935, da Associação dos Andarilhos (agora simplesmente "Os Andarilhos"), com mais de 100 mil membros dedicados a manter as áreas verdes acessíveis àqueles que desejam caminhar por elas e que tentam qualificar os direitos dos proprietários de terras em favor das demandas recreacionais do restante de nós.

Era natural que, durante as duas guerras mundiais, o campo fosse identificado como símbolo "daquilo pelo que estamos lutando". Paul e John Nash e Eric Ravilious nos deram imagens de arados puxados por cavalos e tratores de cores pitorescas em meio a campos cercados por bosques, e essas imagens ficaram gravadas nos corações das pessoas e foram adotadas pelo Ministério da Guerra como propaganda benéfica. Isso não foi um súbito despertar visual, mas simplesmente a expressão natural, em tempos de tensão, de um sentimento que guia as emoções britânicas desde o início da Revolução Industrial.

Os céticos dirão que essa imagem do campo já está em farrapos, que os vilarejos agora são dormitórios para os super-ricos e que os antigos modos de vida morreram sob o peso dos subsídios agrícolas, das autoestradas, do agronegócio e da hostilidade do Partido Trabalhista pelos esportes ao ar livre. Acredito que não é assim. A população rural não vive como costumava viver, mas se adaptou às novas circunstâncias e manteve os ritmos que a própria terra lhe dita.[23] E quando, em resposta à decisão do governo trabalhista de proibir as formas tradicionais de caça, essa população decidiu mostrar como se sentia, organizou a maior manifestação já ocorrida na capital, com meio milhão de pessoas obedientes à lei se reunindo em Westminster. Foi o primeiro levante nacional da população rural contra as elites urbanas desde a Revolta dos Camponeses de 1381,

---

23. Ver meu relato sobre a pequena comunidade agrícola em que vivo, *News from Somewhere*, Londres, 2004.

e a primeira indicação do descontentamento que levaria, por fim, à votação pelo Brexit.

Entretanto, tais exemplos de protesto popular suscitam uma questão importante e que já preocupava Orwell: pode realmente haver patriotismo na esquerda? A tendência do pensamento de esquerda não é justamente repudiar as velhas formas de pertencimento, com suas hierarquias, devoções e deferências implícitas em face do privilégio e do poder estabelecidos? O objetivo não é ficar ao lado da classe operária, e não ao lado da nação, que está nas mãos do inimigo burguês? E, se há um objetivo posterior, não é criar uma ordem internacional na qual uma forma igualitária de governo apague os limites entre "nós" e "eles"? Os esquerdistas não deveriam estar se unindo aos social-democratas da União Europeia e trabalhando por uma nova sociedade na qual os "idiotas rurais" que marcharam em tais números em Londres simplesmente continuariam a marchar até a cova? Essa certamente foi a atitude do Partido Trabalhista na época.

Orwell não teria concordado. Ele aceitava a premissa de que os socialistas devem se organizar em defesa da classe operária. Mas acreditava que os próprios operários relutam em identificar suas lealdades em termos de classe. A ideia marxista de que a classe operária "em si" pode se tornar uma revolucionária classe "para si" é apenas *wishful thinking*. O "nós" da classe operária, defendia Orwell, é o "nós" da nação, da qual os operários são o coração pulsante. Eles viam a si mesmos, na época em que ele escreveu, como súditos patriotas, habituados a se unir contra a opressão e a reconhecer que a solidariedade não significa renúncia às lealdades e aos deveres em nome de algum lugar global, mas luta pela justiça aqui e agora. Em seus momentos mais amargos, Orwell viu os intelectuais de esquerda como inimigos, cujo compromisso com a utopia os levava a desprezar os meros seres humanos que ficavam em seu caminho.

De modo geral, os intelectuais da esquerda justificaram a suspeita de Orwell. E, em pequena medida, a desconexão entre a *intelligentsia* de esquerda e a classe operária foi espelhada na votação do Brexit, quando os líderes do Partido Trabalhista escolheram ignorar seu eleitorado tradicional e condenaram o voto pela "saída" como expressão de "xenofobia". Mas logo ficou claro que o Partido Trabalhista só retomará seu status de partido do governo se reconhecer o patriotismo residual de seus eleitores tradicionais e admitir que é possível ser um socialista da classe operária, um adepto da soberania nacional e um ser humano normal e decente, que não é racista nem xenofóbico quando se trata de lidar com o mundo mais amplo. O partido, consequentemente, tem a tarefa que temos todos, a de definir novamente o patriotismo, de modo que cada grupo etário, cada temperamento e cada carreira possam pertencer a uma partilhada primeira pessoa do plural. Em particular, precisa revisar sua atitude em relação à globalização, a fim de reconhecer que a principal vítima das emergentes redes globais é a velha classe operária.

Entretanto, há outra objeção que pode razoavelmente ser feita pela esquerda, que é a de que pintei apenas metade do retrato, enfatizando o instinto democrático dos britânicos e sua propensão pelas formas de baixo para cima de governo. Como todas as pessoas, contudo, os britânicos reconhecem a necessidade de ordem, planejamento e — durante emergências — hierarquia de comando. E, no período do pós-guerra, influenciados tanto pela disciplina do combate quanto pela crença então corrente nos novos programas socialistas, adotaram o modo "vanguardista" de pensar tanto quanto franceses e alemães. Na verdade, Orwell era defensor da economia planejada e quando, em 1973, Edward Heath levou nosso país para a então Comunidade Econômica Europeia, ele lançou mão de especialistas e prognosticadores para explicar ao povo que tudo fazia parte de um plano racional.

Em contrapartida, não devemos esquecer que o plano descrito pelos especialistas não era o pretendido pelos políticos europeus. Na mente de seus principais defensores, o plano incluía novas insti-

NOSSO PAÍS: ESQUERDA OU DIREITA

tuições de governo, que passariam por cima da soberania nacional a fim de criar uma administração federal para o continente como um todo. Tal plano estava além de qualquer coisa que o povo britânico teria aceitado, se o tivessem explicado. Os britânicos acreditam que o planejamento governamental deve ser um exercício de soberania, não um passo na direção da renúncia a ela. O plano existe para promover soluções negociadas e compromissos de longo prazo. E nossa mais querida forma de planejamento, representada pela Lei de Planejamento de Cidades e Áreas Rurais de 1946, não existe para transformar o país em algo diferente, mas sim para conservá-lo como o conhecemos e assegurar que transmitiremos às futuras gerações as preciosas paisagens rurais e urbanas que são nossas por direito. Como regra, os belos lugares de nosso país não foram produzidos por planejamento, e por isso é necessário planejamento para preservá-los.

Mesmo com os planos socialistas do governo do pós-guerra, não havia um ponto de chegada, nenhum equivalente à "união cada vez maior" prometida pelo Tratado Europeu. Havia somente uma reunião de recursos em nome do interesse comum, com o interesse comum sendo definido pelas próprias pessoas, e não por um grupo de autonomeados líderes.

Retornarei a esse ponto ao discutir a concepção britânica de liberdade. Por agora, é necessário entender como nosso sentimento patriótico, definido em termos de um lar e de um povo soberano que nele reside, pode formar a fundação de uma resposta criativa ao Brexit. Nosso sentimento de pertencimento deve se adaptar às muitas mudanças que ocorreram em nosso status geopolítico e perturbaram o equilíbrio de nosso reino, agora que a exigência escocesa por independência faz parte da cultura política. E esse sentimento deve ser distinguido das formas patológicas de orgulho nacional que perturbam nosso continente desde a Revolução Francesa.

3.

Nações, nacionalismo e nós

Nas condições modernas, nas quais os governos raramente gozam de voto majoritário, a maioria de nós nas democracias ocidentais vive sob um governo que não aprova. Aceitamos ser governados por leis e decisões de políticos com os quais discordamos e dos quais muitas vezes não gostamos. Como isso é possível? Por que as democracias não entram frequentemente em colapso, conforme as pessoas se recusam a ser governadas por aqueles nos quais nunca votaram?

Claramente, uma democracia moderna é mantida unida por algo mais forte que os partidos políticos. Tem de haver uma "primeira pessoa do plural", uma lealdade pré-política, que faça com que vizinhos que votaram de modos opostos tratem uns aos outros como concidadãos, para os quais o governo não é "meu" nem "seu", mas "nosso", quer o aprovemos ou não. A primeira pessoa do plural varia em força, da feroz ligação em tempos de guerra à casual aceitação durante uma manhã de segunda-feira no trabalho. Mas, em algum nível, ela deve ser assumida para aceitarmos uma forma partilhada de governo.

A estabilidade de um país é aprimorada pelo crescimento econômico. Mas depende muito mais dessa sensação de que estamos juntos e ficaremos ao lado uns dos outros durante as emergências reais. Em resumo, ela se baseia em um legado de confiança social. A confiança desse tipo depende de um território comum, da resolução em face da ameaça externa e de costumes e instituições que promovam decisões coletivas em resposta aos problemas da vez. É a condição *sine qua non* da paz duradoura e também o maior bem de qualquer povo que a possui, como nós britânicos a possuímos durante as enormes mudanças que deram origem ao mundo moderno.

Há grande diferença entre uma sociedade na qual a confiança depende do conhecimento pessoal e dos laços familiares e uma sociedade, como a nossa, na qual há confiança entre estranhos. E as pessoas adquirem confiança de diferentes maneiras. As elites urbanas constroem confiança por meio de decisões profissionais, projetos conjuntos e cooperação internacional. Como os aristocratas de antigamente, frequentemente formam redes que ignoram as fronteiras nacionais. No geral, não dependem de um lugar, uma fé ou uma rotina particular para obter a sensação de pertencimento e, nas circunstâncias imediatas da vida moderna, podem se adaptar à globalização sem muita dificuldade. Na votação do Brexit, podem ter sentido muito pouca relutância em dizer sim à União Europeia, uma vez que ela ameaça apenas marginalmente seu modo de vida, se é que ameaça. Contudo, mesmo em condições modernas, as elites urbanas dependem daqueles que não pertencem a elas: fazendeiros, fabricantes, operários, construtores, costureiros, mecânicos, enfermeiros, cuidadores, zeladores, cozinheiros, policiais e soldados, para os quais a ligação com um lugar e seus costumes está implícita em tudo que fazem. Em uma questão que atinge a identidade, essas pessoas muito provavelmente votarão de forma diferente das elites urbanas, das quais dependem, por sua vez, para o governo.

Parece, então, que a palavra "nós" nesse contexto nem sempre envolve o mesmo grupo de pessoas ou as mesmas redes de associação. David Goodhart apresentou uma dicotomia entre os "de qualquer lugar" e os "de algum lugar", aqueles que podem levar seus negócios, relações e redes de lugar para lugar sem detrimento e aqueles para os quais um lugar específico e seu modo de vida nativo estão entremeados em seu ser social.[1] Esses dois tipos de pessoas serão puxados em direções opostas quando convidados a considerar o que realmente mantém sua comunidade unida. De acordo com Goodhart, "as pessoas de qualquer lugar da Grã-Bretanha — incluindo as elites metropolitanas de esquerda e direita, refletindo os interesses da classe profissional superior — dominaram a agenda política, qualquer que fosse o partido político no poder, nos últimos 25 anos e muito frequentemente falharam em distinguir seus próprios interesses secionais dos interesses gerais".[2] O livro de Goodhart é um delicado e bem argumentado apelo por aqueles "de algum lugar", cujos interesses foram negligenciados nas decisões políticas recentes e que enviaram aos políticos uma mensagem de "saída" durante a votação do Brexit.

Contudo, certamente é aparente para todos nós que precisamos de uma primeira pessoa do plural inclusiva, que una tanto a elite móvel quanto as pessoas enraizadas. As identidades dos períodos anteriores — dinastia, fé, família, tribo — já estavam enfraquecendo quando o Iluminismo iniciou o processo de consigná-las ao esquecimento. E as identidades substitutas de tempos mais recentes — as ideologias e os "ismos" dos Estados totalitários — claramente falharam em fornecer uma alternativa. Mas os britânicos gozaram durante a era moderna de um tipo totalmente diferente de identidade, que não depende de doutrina nem mito nacional, mas simplesmente dos costumes e instituições que nos fizeram viver juntos em uma condição de mútua responsabilidade.

Nós, na Grã-Bretanha, somos oficialmente "súditos da rainha", não cidadãos, e essa distinção é importante. A palavra "cidadão" foi

---

1. David Goodhart, *The Road to Somewhere: The Populist Revolt and the Future of Politics*, Londres, 2017.
2. Ibid., p. 10.

usada nas revoluções americana e francesa a fim de denotar o novo status do indivíduo como membro autônomo da sociedade, sem dever obediência a um monarca. O termo foi usado na França como título cotidiano e forma de tratamento, embora retivesse as implicações ideológicas satirizadas por Flaubert em *A educação sentimental*. Hoje, denota uma condição distinta tanto da cidadania americana quanto da vassalagem britânica. O cidadão francês está ligado ao Estado em uma relação legal na qual o Estado detém o poder. O Estado é agressivamente secular, impondo uma regra de *laïcité* que proíbe os cidadãos de usarem abertamente símbolos religiosos ou diluírem sua cidadania com formas religiosas de obediência. O *citoyen* é, em muitos aspectos, propriedade de *L'État*, e sua casa pode ser invadida e pilhada pela polícia ou por inspetores de impostos sem qualquer prova de delito.

O súdito britânico, em contraste, está ligado à rainha por um frouxo laço de afeto que possui poucos termos precisos. Também temos um governo secular, mas não *agressivamente* secular, uma vez que a rainha também é a líder da Igreja nacional, cujos bispos são membros do Parlamento. Há outras diferenças importantes, que indicarei no capítulo 5, e elas são parte do que podemos ter em mente ao distinguir o súdito britânico do cidadão francês. Todavia, é apropriado usar os termos "súdito" e "cidadão" em um sentido mais geral, de acordo com o qual tanto franceses quanto britânicos são cidadãos de seus países. A cidadania, no sentido amplo, consiste em uma rede de direitos e deveres recíprocos, sustentada por um estado de direito ao qual tanto o Estado quanto os cidadãos devem se submeter.

Embora imponha as leis, o Estado tem de administrá-las igualmente contra si mesmo e contra o cidadão privado. O cidadão tem direitos que o Estado tem o dever de defender e deveres que o Estado tem o direito de impor. Como esses direitos e deveres são definidos e limitados pelas leis, os cidadãos têm uma clara concepção de onde suas liberdades terminam. Quando cidadãos são nomeados para administrar o Estado, o resultado é um governo "republicano".[3] E a cidadania tem sido o presente mais evidente do Estado-nação moderno, no qual as pessoas aceitam uma definição territorial de pertencimento em vez das definições religiosas e dinásticas que levaram aos conflitos que destruíram a Europa durante a Reforma. Nesse sentido, os "súditos" de nossa rainha também são cidadãos e, em alguns aspectos, mais obviamente cidadãos que muitas outras nacionalidades europeias.

Isso não significa que todos os Estados-nação são compostos de cidadãos. Em vários outros Estados-nação que emergiram da Paz de Vestfália em 1648, as pessoas não eram cidadãs, mas súditas, no entendimento tradicional desse termo. A sujeição é a relação entre Estado e indivíduo que surge quando o Estado não precisa responder ao indivíduo, quando os direitos e deveres do indivíduo são indefinidos ou definidos apenas parcialmente e sujeitos a correções, e quando não há estado de direito acima do Estado. Cidadãos são mais livres que súditos, não porque existam mais coisas que podem fazer com impunidade, mas porque suas liberdades são definidas e defendidas pelas leis. Súditos naturalmente aspiram a ser cidadãos, uma vez que cidadãos podem tomar medidas concretas para proteger sua propriedade, sua família e seus negócios contra saqueadores e possuem soberania efetiva sobre a própria vida. É por isso que as pessoas migram dos países onde são súditas para países onde podem ser cidadãs.

A liberdade e a segurança não são os únicos benefícios da cidadania. Há um benefício econômico também. No estado de direito,

---

3. Adoto essa definição a fim de identificar um ideal defendido de várias formas por Aristóteles, Maquiavel, Montesquieu, Kant e pelos pais fundadores americanos. O governo republicano não deve ser contrastado com a monarquia (nosso próprio governo é ambos), mas com o governo absolutista, a ditadura, o governo de um único partido e várias outras possibilidades que não incluem participação administrativa. Os governos republicanos tampouco são necessariamente democráticos.

BREXIT: ORIGENS E DESAFIOS

os contratos podem ser livremente aceitos e coletivamente impostos. A honestidade se torna uma regra nas relações comerciais, e as disputas são resolvidas por tribunais, não por capangas. E, como o princípio da responsabilidade permeia todas as instituições, a corrupção pode ser identificada e penalizada, mesmo quando ocorre nos níveis mais altos de governo. Essa é outra razão pela qual as pessoas migram para lugares onde podem gozar dos benefícios da cidadania. Em uma sociedade de cidadãos, os mercados florescem e há oportunidades para os recém-chegados.

Uma sociedade de cidadãos é uma sociedade na qual todo mundo obedece a um conjunto comum de regras. Isso não significa que não haja ladrões ou trapaceiros; significa que pode existir confiança entre estranhos, sem depender de conexões familiares, lealdades tribais ou favores feitos e recebidos. Isso distingue visivelmente um país como a Austrália, por exemplo, de um país como o Cazaquistão, onde a economia depende da troca mútua de favores, entre pessoas que confiam umas nas outras somente porque se conhecem e conhecem as redes que serão usadas para impor qualquer acordo.[4] É também por isso que a Austrália tem um problema de imigração e o Cazaquistão sofre um escoamento de cérebros.

Como resultado, a confiança entre os cidadãos pode se espalhar por uma área ampla, e os baronatos e feudos locais podem ser desfeitos e ignorados. Em tais circunstâncias, os mercados não florescem meramente, eles crescem e se espalham, tornando-se coextensivos à jurisdição. Todo cidadão está ligado a todos os outros por relações financeiras, legais e fiduciárias, mas que não pressupõem um laço pessoal. Uma sociedade de cidadãos pode ser uma sociedade de estranhos, todos gozando de soberania sobre a própria vida e perseguindo seus objetivos e satisfações individuais. Assim são

---

4. Ver Francis Fukuyama, *Trust: The Social Virtues and the Creation of Prosperity*, Nova York, 1995.

as sociedades ocidentais de hoje. São sociedades nas quais você possui uma causa comum com estranhos e nas quais todos vocês, nas questões das quais seu destino comum depende, podem com convicção dizer "nós".

A existência desse tipo de confiança em uma sociedade de estranhos deveria ser vista pelo que é: uma rara conquista, cujas precondições não são facilmente atendidas. Se é difícil apreciar esse fato, é em parte porque a confiança entre estranhos cria uma ilusão de segurança, encorajando as pessoas a pensarem que, como a sociedade termina em acordo, também começa com um. Assim, tem sido normal, desde a Renascença, os pensadores proporem alguma versão de "contrato social" como fundação de uma sociedade de cidadãos. Mas, se as pessoas estão em posição de decidir sobre seu futuro comum, é porque já possuem um: porque reconhecem sua unicidade mútua e sua dependência recíproca, o que as incumbe de decidir como podem ser governadas por uma jurisdição comum em um território comum. Os filósofos do contrato social escrevem como se ele pressupusesse apenas a primeira pessoa do singular da escolha livre e racional. Na verdade, pressupõe uma primeira pessoa do plural na qual os fardos do pertencimento já foram assumidos. Foi assim que, imediatamente após a Reforma, o povo britânico, tanto inglês quanto escocês, frequentemente se descreveu como parte de uma "aliança". O termo evoca o laço entre os israelitas e seu Deus: um laço que precede, em tempo e em essência, qualquer dever específico das partes.

É porque a cidadania pressupõe pertencimento que a nacionalidade se tornou tão importante no mundo moderno. A nacionalidade não é o único tipo pré-político de pertencimento, nem tampouco é um laço exclusivo. Todavia, é a única forma de pertencimento que se mostrou capaz de sustentar o processo democrático e o estado de direito. Comparemos as comunidades definidas por nacionalidade com aquelas definidas por tribo ou credo. As sociedades tribais se

60 BREXIT: ORIGENS E DESAFIOS

definem por meio de uma ficção de parentesco. As pessoas se veem como membros de uma família estendida, e, mesmo que sejam estranhas, esse fato é somente superficial, a ser instantaneamente colocado de lado ao se descobrir um ancestral comum e a rede comum de parentesco. As sociedades tribais tendem a ser hierárquicas, com a responsabilidade funcionando em apenas uma direção: do súdito para o chefe, mas não do chefe para o súdito. A ideia de um estado de direito imparcial, sustentado pelo próprio governo que está sujeito a ele, não tem lugar no mundo dos laços familiares, e os outsiders — os "estranhos e visitantes" nas terras da tribo — são vistos como inteiramente externos às leis e sem direito a sua proteção ou como protegidos por tratado.[5] Outsiders tampouco podem facilmente se tornar insiders, uma vez que aquilo que os separa da tribo é uma falha genética irredimível.

Distinta da tribo, mas muito proximamente conectada a ela, está a "comunidade de credo": a sociedade cujo critério de pertencimento é religioso. Eu me uno àqueles que adoram os meus deuses e aceitam as mesmas prescrições divinas, muito embora sejamos estranhos. As comunidades de credo, assim como as tribos, estendem suas reivindicações para além dos vivos. Os mortos adquirem os privilégios dos crentes por intermédio de suas orações. Mas estão presentes nas cerimônias em termos muito diferentes. Já não possuem a autoridade dos ancestrais da tribo; em vez disso, são súditos do mesmo senhor divino, sofrendo recompensa ou punição em condições de maior proximidade com o poder governante. Estão juntos no grande desconhecido, assim como estaremos quando formos libertados do laço terreno e unidos pela fé.[6]

A harmonia inicial entre os critérios tribais e religiosos de pertencimento pode dar lugar ao conflito quando as forças rivais da

---

5. Assim é o conceito de *dhimma* no direito islâmico. Ver Antoine Fattal, *Le statut légal des non-Musulmans en pays d'Islam*, Beirute, 1958.

6. Retirei o termo "comunidade de credo" de Spengler e discuto o que ele significa em *The West and the Rest*, Londres, 2002.

lealdade familiar e da obediência religiosa são exercidas sobre pequenas comunidades. Esse conflito tem sido um dos motores da história islâmica, forma o background da pacificação oferecida pelo Alcorão e pode ser testemunhado em todo o Oriente Médio, onde comunidades locais de credo surgiram a partir das religiões monoteístas e se moldaram de acordo com uma experiência tribal de pertencimento.

É no contraste entre as formas tribais e religiosas de pertencimento que a nação deve ser entendida. Com nação, quero dizer um povo estabelecido em certo território, que partilha língua, instituições, costumes e um senso de história e que se vê como igualmente comprometido tanto com seu local de residência quanto com os processos legais e políticos que o governam. Os membros das tribos veem uns aos outros como família; os membros das comunidades de credos veem uns aos outros como fiéis; os membros das nações veem uns aos outros como vizinhos. Vital para o senso de nacionalidade, portanto, é a ideia de território comum, ao qual todos temos direito como nosso lar. A sensação de ter direito a esse lar não depende da residência e frequentemente é mais forte naqueles que viajam para longe em negócios pessoais ou oficiais ou naqueles que residem em algum outro país. Mas sua fundação é a visão de paz entre vizinhos, no lar que partilham.

Pessoas que partilham um território partilham uma história e também podem partilhar uma língua e uma religião. O Estado-nação europeu emergiu quando a ideia de uma comunidade definida por um lugar foi consagrada na soberania e no direito; em outras palavras, quando foi alinhada à jurisdição territorial. O Estado-nação é, consequentemente, o sucessor natural da monarquia territorial, e os dois podem ser combinados, e com frequência o foram, uma vez que o monarca é um símbolo tão conveniente dos laços transgeracionais que nos ligam a nosso país.

A teoria de que a nação é uma invenção recente, criada pelo moderno Estado administrativo, provavelmente foi articulada pela

62 BREXIT: ORIGENS E DESAFIOS

primeira vez por Lord Acton em um curto, mas celebrado, artigo.[7] Escritores de todas as partes do espectro político parecem endossar versões dessa visão, argumentando que as nações são invenções burocráticas cuja emergência é inseparável da cultura da palavra escrita.[8] Os radicais usam esse fato para sugerir que as nações são transientes, sem legitimidade natural, ao passo que os conservadores o usam para sugerir o oposto, que a nacionalidade é uma conquista, uma "travessia vitoriosa" para chegar a uma ordem mais estável e mais aberta que os atavismos religiosos e tribais que substituiu.

Mas, quando se diz que nações são comunidades artificiais, deve-se lembrar que há dois tipos de artefato social: aqueles que resultam de uma decisão, como quando duas pessoas formam uma parceria, e aqueles que surgem "por uma mão invisível", de decisões que não pretendiam, como músicas e religiões folclóricas. Instituições que surgem por uma mão invisível possuem uma espontaneidade e uma naturalidade que podem estar ausentes nas instituições explicitamente projetadas. Nações são subprodutos espontâneos da interação social. Mesmo quando há a decisão consciente de construir uma nação, o resultado depende da mão invisível: é o afeto, e não a decisão, que modela a identidade nacional. Isso é verdade mesmo no caso dos Estados Unidos da América, que de modo algum é hoje a entidade pretendida por seus pais fundadores. E, mesmo assim, os EUA são uma das mais vitais e patrióticas nações do mundo moderno e o destino final de um vasto número de migrantes ávidos para trocar sua condição de súditos pela de cidadãos.

O exemplo também ilustra a tese de Lord Acton. Nações são compostas por vizinhos ou, em outras palavras, por pessoas que

---

7. J. E. E. Dalberg-Acton, primeiro barão Acton, 'Nationality', em J. N. Figgis e R. V. Lawrence (ed.), *The History of Freedom and Other Essays*, Londres, 1907.

8. Ernest Gellner, *Nations and Nationalism*, Oxford, 1983; Benedict Anderson, *Imagined Communities*, 2ª edição, Londres, 1991; Eric Hobsbawm, *Nations and Nationalism since 1780*, Cambridge, 1990; Elie Kedourie, *Nationalism*, Londres, 1960; Kenneth Minogue, *Nationalism*, Londres, 1967.

NAÇÕES, NACIONALISMO E NÓS 63

partilham um território. Consequentemente, precisam de uma jurisdição territorial. Jurisdições territoriais requerem tribunais, legislação e um processo político. Esse processo transforma o território partilhado em uma identidade partilhada. E essa identidade é o Estado-nação. Eis um breve resumo da história americana: pessoas se estabelecendo juntas, resolvendo seus conflitos por meio de leis, criando essas leis por si mesmas e, no curso desse processo, definindo-se como um "nós" cujos bens partilhados são a terra e suas leis.

O processo da "mão invisível", tão esclarecedoramente discutido por Adam Smith, depende de e é secretamente guiado por uma estrutura legal e institucional.[9] Sob o estado de direito, por exemplo, a livre interação entre indivíduos resultará em uma economia de mercado. No vácuo legal da Rússia pós-comunista, em contraste, essa livre interação entre indivíduos produziu uma economia planificada nas mãos de gângsteres. Do mesmo modo, a mão invisível que deu origem à nação foi guiada, em todos os passos, pela lei territorial. Essa "lei da terra" foi uma importante força modeladora na história inglesa, como F. W. Maitland e outros demonstraram.[10] E foi por meio do processo pelo qual terra e lei se ligam uma à outra que nossa forma específica de lealdade nacional foi formada.

As pessoas não podem partilhar território sem partilhar muitas outras coisas: língua, costumes, mercados e (nas condições europeias) religiões. Daí se segue que cada jurisdição territorial está associada a lealdades complexas e interligáveis do tipo religioso e dinástico. Contudo, ela também busca modificar essas lealdades. A lei territorial trata os indivíduos como portadores de direitos e deveres. Ela refor-

---

9. Ver Adam Smith, *Inquiry into the Nature and the Causes of the Wealth of Nations*, 1776, e a discussão das explicações sobre a "mão invisível" em Robert Nozick, *Anarchy, State and Utopia*, Oxford, 1974. A teoria da mão invisível foi generalizada por F. A. Hayek para produzir um relato abrangente do desenvolvimento legal e institucional em *Law, Legislation and Liberty*, 2 volumes, Londres, 1976.
10. F. W. Maitland, *The Constitutional History of England*, Londres, 1908.

mula suas relações com seus vizinhos em termos abstratos e prefere o contrato ao status e os interesses definíveis aos laços inarticulados. É hostil a qualquer poder e autoridade que não sejam exercidos do interior de sua jurisdição. Em resumo, imprime na comunidade uma forma política distinta. Foi assim que, quando a nação inglesa tomou forma na Idade Média, tornou-se inevitável que os ingleses tivessem uma Igreja própria e que sua fé fosse definida por sua lealdade nacional, e não sua lealdade por sua fé. Ao se tornar líder da Igreja da Inglaterra, Henry VIII traduziu em doutrina da lei (embora enfrentando considerável resistência) o que já era fato consumado.

Ao mesmo tempo, não devemos pensar na jurisdição territorial como meramente um arranjo convencional: um acordo contínuo e interrompível do tipo que teve tanto apelo para os pensadores do contrato social durante o Iluminismo. Ela envolve um genuíno "nós" de filiação, não tão visceral quanto a do parentesco nem tão edificante quanto a do credo, mas, exatamente por essa razão, mais adequada ao mundo moderno e a uma sociedade na qual a fé está diminuindo ou morta. É o paradigma de uma sociedade mantida unida pela confiança entre estranhos que podem nada ter em comum, com exceção do lugar onde estão e dos costumes que aí surgiram.

Uma jurisdição estável e definida pelo território estabeleceu desde os tempos saxônios uma responsabilidade recíproca entre "nós" e o soberano que é "nosso". O resultado foi uma experiência de segurança, muito diferente daquela da tribo, mas conectada com o lugar partilhado a que pertencemos. A língua comum — ela mesma um produto do assentamento territorial — reforçou esse sentimento. Mas supor que poderíamos ter gozado desses legados territoriais, legais e linguísticos sem nos tornarmos uma nação que se representa como tendo direito a eles e que definiu até mesmo sua religião em seus termos é dar lugar à fantasia. De modo algum a emergência de nossa nação, como forma de filiação, pode ser vista como produto do universalismo iluminista, da Revolução Industrial ou das necessidades administrativas da burocracia moderna. Ela existia antes dessas coisas, transformou-as

NAÇÕES, NACIONALISMO E NÓS   65

em poderosos instrumentos próprios e foi, por sua vez, modelada por elas. Além disso, quando, no devido tempo, os conflitos dinásticos e religiosos foram resolvidos, tornou-se praticamente inevitável que a Inglaterra se tornasse parte de uma "união" da qual já se presumia que Gales fosse membro, ao passo que Escócia e Irlanda foram trazidas, uma de cada vez, para o processo político único. Poderíamos descrever os resultados como quatro nações contidas em um único Estado ou, igualmente, como um Estado-nação com quatro partes componentes. Não estamos descrevendo fusões eternas e imutáveis, mas *resoluções*, arranjos por meio dos quais as pessoas passaram a coexistir em um território partilhado e a aceitar os costumes e as lealdades que as dividem em nome dos outros costumes e instituições por intermédio dos quais estão unidas em um único corpo político. Tais arranjos são maleáveis, mas intrinsecamente autolegitimadores, apesar da tentativa de G. K. Chesterton, em *The Napoleon of Notting Hill*, de tratar as identidades territoriais como arbitrárias.

Em termos mais simples, nações são definidas não por parentesco ou religião, mas por uma terra pátria. A Europa deve sua grandeza ao fato de que as lealdades primárias dos povos europeus foram separadas da religião e ligadas à terra. Aqueles que acreditam que a divisão da Europa em nações foi a causa primária das guerras europeias deveriam se lembrar das devastadoras guerras religiosas às quais as lealdades nacionais finalmente puseram fim. E deveriam estudar nossa arte e nossa literatura, que não são arte e literatura de guerra, mas de paz, uma invocação do lar e das rotinas do lar, do cotidiano e do estabelecimento duradouro. Suas brigas são rixas domésticas, seus protestos são pedidos para vizinhos, seu objetivo é o retorno ao e o contentamento com o lugar que nos pertence.[11] Mesmo a cultura popular do mundo moderno é uma reafirmação

---

11. Alguns exemplos clássicos: *Middlemarch: um estudo da vida provinciana* de George Eliot; *Nachsommer* de Adalbert Stifter; *Em busca do tempo perdido* de Marcel Proust; *Morangos silvestres* de Ingmar Bergman; *Dublinenses* de James Joyce. E assim por diante.

66 BREXIT: ORIGENS E DESAFIOS

disfarçada de uma forma territorial de lealdade. *The Archers, Neighbours, Coronation Street, East Enders*: todos esses espelhos da existência ordinária mostram assentamento e vizinhança, em vez de tribo ou religião, como legados sociais primários. E celebrações similares da proximidade cotidiana ocorrem em todas as jurisdições: nas democracias europeias (o francês *Plus belle la vie*), nos países árabes autocráticos (as *mosalsalats* em todas as noites do Ramadã) e nos muitos países latino-americanos viciados em telenovelas. Mesmo em locais governados por ditaduras religiosas, tribais ou sectárias, o coração humano se inclina na direção do lugar, da família e da vizinhança como fontes de pertencimento. A realização europeia foi ter transcrito esse sentimento para sua política e suas leis.

A primeira pessoa do plural da nacionalidade, ao contrário daquelas da tribo ou da religião, é intrinsecamente tolerante à diferença.[12] Ela envolve respeito pela privacidade e um desejo de cidadania no qual as pessoas mantêm a soberania sobre a própria vida e a distância que torna tal soberania possível. O "conflito de civilizações" que, de acordo com Samuel Huntington, é o sucessor da Guerra Fria, não é, em minha opinião, nada disso. Ele é um conflito entre duas formas de filiação: a nacional, que tolera a diferença, e a religiosa, que não tolera.[13] É a tolerância à diferença que abre caminho para a democracia, e cada movimento para além do Estado-nação, na direção de algum centro transnacional de governo, é um movimento para longe da democracia. Foi isso que aqueles que votaram para sair da União Europeia amplamente perceberam, e o ponto foi enfatizado

---

12. Ver Scruton, *The West and the Rest*, op. cit. Ver também Jonathan Sacks, *The Dignity of Difference*, Londres, 2002 [*A dignidade da diferença*. São Paulo: Sêfer, 2013], no qual o ex-rabino-chefe defende o respeito pelas diferenças culturais e religiosas que o Estado-nação tornou possíveis e que desaparece quando a única forma de filiação disponível é religiosa ou tribal.
13. Samuel Huntington, *The Clash of Civilizations and the Remaking of World Order*, Nova York, 1996 [*O choque de civilizações e a recomposição da ordem mundial*. Rio de Janeiro: Objetiva, 1997].

NAÇÕES, NACIONALISMO E NÓS 67

pelo não eleito líder da Comissão Europeia Jean-Claude Juncker, quando observou que "não pode haver escolha democrática contra os tratados europeus".[14]

O patriotismo envolve o amor pelo lar e a prontidão para defendê--lo; o nacionalismo, em contraste, é uma *ideologia* beligerante, que usa símbolos nacionais a fim de recrutar as pessoas para a guerra. Quando o abade Sieyès declarou os objetivos da Revolução Francesa, ele o fez na linguagem do nacionalismo: "A nação é anterior a tudo. É a fonte de tudo. Sua vontade é sempre legal [...] A maneira pela qual a nação exerce sua vontade não importa; o ponto é que ela a exerce; qualquer procedimento é adequado, e sua vontade é sempre a lei suprema."[15] Essas palavras expressam o exato oposto da verdadeira lealdade nacional. Elas não somente envolvem uma idólatra deifica-ção da "nação", elevando-a bem acima das pessoas pelas quais é de fato composta, como fazem isso a fim de punir, excluir e ameaçar, em vez de facilitar a cidadania e garantir a paz. A nação aqui está sendo deificada e usada para intimidar seus membros, para purgar do lar comum aqueles que supostamente o estão poluindo. E o caminho está sendo preparado para a abolição de todas as restrições legais e a destruição do estado de direito territorial. Em resumo, esse tipo de nacionalismo não é lealdade nacional, mas uma lealdade religiosa vestindo roupas territoriais.[16]

Já existia nas teorias sobre contrato social do século XVIII uma espécie de *wishful thinking* a respeito da natureza humana, uma crença de que as pessoas podiam remodelar suas obrigações sem fazer referência a seus afetos, de modo a produzirem um cálculo abstrato

---

14. *Le Figaro*, 28 de janeiro de 2016.
15. E. Sieyès, *What Is the Third Estate?* Tradução de M. Blondel e edição de S. E. Finer, Londres, 1963, pp. 124, 128.
16. Sobre a tendência do nacionalismo de degenerar para uma religião comba-tiva, ver Adam Zamoyski, *Holy Madness: Romantics, Patriots and Revolutionaries*, Londres, 1999.

de direitos e deveres no lugar de seus laços contingentes e históricos. Os revolucionários franceses começaram sua tomada do poder ao propor a "Declaração dos direitos do homem e do cidadão", que varreria para longe todos os arranjos arbitrários da história e colocaria a razão no trono que previamente fora ocupado por um mero ser humano. Mas, semanas depois da declaração, enquanto o país era governado em nome da nação, da *patrie* e dos direitos do homem, a velha associação contingente foi convocada em outra e muito mais perigosa forma, a fim de preencher o vazio nos afetos das pessoas, criado pela destruição dos costumes e das vizinhanças. Muito rapidamente, tornou-se claro que os "direitos" prometidos pela declaração não haviam sido conferidos aos "inimigos do povo", que esses inimigos estavam por toda parte e que nenhum cidadão podia estar certo de não ser um deles.

Isso foi claramente percebido por Edmund Burke, que lembrou a seus leitores que os seres humanos são colocados juntos por acidentes que não escolhem e derivam seus afetos não de suas decisões, mas de suas circunstâncias.[17] A fundação do sentimento comum de caridade é a proximidade, não a razão. Pense seriamente sobre isso e verá que as formas territoriais de associação são o melhor remédio que temos contra o chamado divisor da ideologia. A lealdade nacional, construída como patriotismo discreto de costumes e lugar, é precisamente o que impede que o "extremismo" tome conta da consciência ordinária. Ela está na raiz das melhores coisas da sociedade humana, a saber, o fato de que estamos ligados às coisas que acontecem à nossa volta, crescemos com elas e aprendemos as maneiras de associação pacífica como *nossas* maneiras, que são certas porque são nossas e porque nos unem àqueles que vieram antes de nós e àqueles que nos substituirão. Vistos dessa forma, os sentimentos patrióticos são não apenas naturais, mas essencialmente

---

17. Edmund Burke, *Reflections on the Revolution in France*, 1791.

NAÇÕES, NACIONALISMO E NÓS 69

legitimadores. Eles evocam as fontes do afeto social e dotam esse afeto dos costumes que provaram seu valor com o tempo, ao permitir que uma comunidade solucione suas disputas e adquira equilíbrio nas circunstâncias mutáveis da vida. Tudo isso foi expresso por Ernest Renan em seu celebrado ensaio de 1882, *Qu'est-ce qu'une nation?*[18] Para Renan, uma nação não é constituída pela conformidade racial ou religiosa, mas por um "plebiscito diário" que expressa a memória coletiva dos membros e seu consentimento atual em viverem juntos. É precisamente por essas razões que os sentimentos nacionais abrem caminho para a política democrática.

É porque somos capazes de definir nossa filiação em termos territoriais que os países ocidentais gozam das liberdades elementares que são, para nós, a fundação da ordem política. Em países como Irã e Arábia Saudita, fundados sobre a obediência religiosa, e não territorial, a liberdade de consciência é um bem raro e ameaçado. (No Irã, a mera posse do Novo Testamento é altamente arriscada.) Nós, contudo, gozamos não meramente da liberdade de discordar publicamente dos outros em termos de fé e vida privada, mas também da liberdade de satirizar a solenidade e ridicularizar o nonsense, incluindo a solenidade e o nonsense do tipo religioso. Todas essas liberdades nos são preciosas e estão ligadas a nossa sensação de sermos os herdeiros de uma forma de vida partilhada e um modo não verbalizado de fazer as coisas que podemos facilmente reconhecer, embora não tão facilmente descrever.

Como já comentei, nós, os britânicos, não definimos nossa identidade partilhada nos termos explicitamente nacionais usados por Renan. Pertencemos a um complexo organismo político, compreendendo três nações e meia — ingleses, escoceses, galeses e grande parte dos irlandeses — que migraram livremente entre seus territórios

---

18. Ernest Renan, *Qu'est-ce qu'une nation?* Palestra na Sorbonne, 11 de março de 1882.

70 BREXIT: ORIGENS E DESAFIOS

durante muitos séculos de negociação e conflito. Histórias similares podem ser contadas sobre outros países, e uma das coisas erradas com a forma ideológica de nacionalismo é a crença de que as pessoas devem lealdade política primariamente a amigos e parentes, e não a vizinhos. É verdade que nossa atual crise de identidade é resultado de ondas de imigração sem precedentes. Mas não devemos esquecer que a migração existe desde o início da história e é amplamente aquilo em que ela consiste. Fronteiras se dissolvem ou são apagadas, línguas se misturam e se amalgamam, religiões se dividem entre seitas divergentes e mutuamente hostis. Em todos os arranjos, as pessoas se agarram às velhas definições de identidade por medo de perderem o que é mais precioso para elas, que é a confiança da qual dependem para sua sobrevivência.

O crucial não é podermos dispor dos recursos de alguma comunidade eterna, com fronteiras fixas, crenças inalteráveis e uma herança genética protegida por cercas. Crucial é que, no fluxo das fortunas humanas, deve haver um local de pertencimento que possamos identificar como nosso lar, com cujos habitantes possamos contar e que estejamos todos comprometidos a defender e melhorar para o bem comum. É crucial que nosso lar seja governado por instituições que tacitamente subscrevemos: um processo de criação e imposição de leis no qual possamos confiar para a resolução de disputas e no qual muitos de nossos interesses estejam representados. Essa é a ideia residual de identidade nacional que defendo neste livro, a ideia de um lar partilhado e uma jurisdição territorial. Ela não é beligerante nem mística, e não depende de extinguir as muitas outras lealdades que seus participantes possam ter.

Na linguagem de Goodhart, é possível que os "de qualquer lugar" e os "de algum lugar" identifiquem sua lealdade em termos nacionais. Você pode ser um súdito leal da Coroa inglesa e também inglês, escocês, irlandês ou galês quando se trata de outros aspectos de pertencimento. Pode ser britânico nigeriano ou paquistanês, e

NAÇÕES, NACIONALISMO E NÓS

nosso futuro depende de um processo de integração que persuada os recém-chegados de que as promessas oferecidas por nosso país são possíveis e verdadeiras. É possível ser britânico muçulmano, à maneira de Sara Khan, assim como britânico judeu ou cristão.[19] A nacionalidade, definida por fronteiras, terras e soberania, não extingue as lealdades locais ou os resíduos de laços mais antigos e enraizados. Ela não se opõe à cooperação transnacional ou a sentimentos patrióticos em relação a países que não o nosso. Tudo aqui é uma questão de grau, temperado pela constante negociação entre vizinhos que é a característica de uma democracia livre.

É claro que essas outras lealdades podem tentar estabelecer jurisdições territoriais próprias, e isso agora é rotineiro na Europa, parcialmente porque a União Europeia destruiu as formas antigas de identidade sem fornecer nenhum substituto real para elas. Pode ser, portanto, que a Escócia se torne um Estado soberano independente e que o sentimento nacional escocês dê origem a uma ordem política própria. Se isso acontecer, não será pela violência, mas à maneira do divórcio entre a República Tcheca e a Eslováquia, no qual um lar partilhado foi dividido de comum acordo e todas as outras lealdades permaneceram intactas. Se isso deveria acontecer e, caso contrário, se há uma maneira de evitá-lo são questões que discuto no capítulo final.

Há outra e mais profunda razão para aderir à nação como fonte da obrigação legal. Somente quando as leis derivam da soberania nacional ou de alguma ideia comparável de legitimidade territorial elas podem se adaptar às condições mutáveis do povo. Vemos isso claramente na fútil tentativa dos países islâmicos modernos de viverem pela xaria. Quando os clérigos assumem o poder, as leis são referidas a preceitos designados para o governo de uma

---

19. Ver, em particular, o livro de Sara Khan e Tony McMahon, *The Battle for British Islam: Reclaiming Muslim Identity from Extremism*, Londres, 2016.

comunidade há muito desaparecida, tomada pelos conflitos tribais no deserto árabe, mas trazida à ordem por Maomé com uma série de recitações que pretendiam estabelecer os mandamentos de Deus como leis. Os juristas têm grande dificuldade em adaptar tais leis à vida das pessoas modernas. As leis seculares se adaptam, mas as leis religiosas persistem. Além disso, precisamente porque a xaria não foi adaptada, ninguém realmente sabe o que ela diz. Ela nos diz que investir dinheiro para obter lucro é proibido em todos os casos? Alguns dizem que sim, alguns dizem que não.[20] Ela nos diz para punir os ladrões com a mutilação e os homossexuais e adúlteros com o apedrejamento até a morte? Alguns dizem que sim, alguns dizem que não. Quando Deus faz as leis, elas se tornam tão misteriosas quanto ele. Quando *nós* fazemos as leis, e as fazemos para nossos propósitos, podemos ter certeza do que significam. A pergunta, então, é "quem somos *nós*"? Em particular, que maneira de nos definirmos é compatível com o processo democrático e a soberania popular? A nação é uma resposta testada e comprovada para essas perguntas.

As leis ditadas por Deus possuem o caráter eterno e imutável de seu autor. Mas o mesmo defeito está presente nas leis ditadas por um tratado. Tratados são mãos-mortas, que devem ser impostos a um país somente para propósitos específicos e essenciais, e nunca como maneira de governá-lo. Assim, quando foi assinado em 1957, o Tratado de Roma incluía uma cláusula permitindo a livre movimentação de capital e trabalho entre os signatários. Na época, rendas e oportunidades eram similares entre o pequeno número de países participantes, e os economistas teorizaram o mercado em termos da livre circulação dos "fatores de produção", dois dos quais são capital e trabalho. Agora as coisas são muito diferentes. Não somente a economia prosseguiu em seu curso vacilante de uma teoria para a

---

20. Ver Nabil Saleh, *Unlawful Gain and Legitimate Profit in Islamic Law*, Oxford, 1986.

NAÇÕES, NACIONALISMO E NÓS

próxima como o movimento populacional se tornou um dos grandes problemas enfrentados por todos os países europeus, tanto os que estão ganhando pessoas quanto os que as estão perdendo.

Em um sentido, a "livre movimentação do trabalho" é um antigo princípio das relações externas britânicas. Se alguém recebe uma oferta de emprego na Grã-Bretanha e o empregador pode comprovar que é a pessoa certa para o cargo, tem sido normal conceder direito de residência pela duração do vínculo empregatício. Quando os britânicos se uniram à então Comunidade Econômica Europeia, a provisão do tratado foi explicada nesses termos, e o governo do sr. Heath não viu problema em assinar.

Contudo, não é assim que a cláusula de "livre movimentação" é interpretada agora. O Tratado de Maastricht criou um novo status constitucional: o de "cidadão da União Europeia". Esse status concede direitos, defendidos pelo Tribunal de Justiça Europeu, incluindo o direito de residir em qualquer parte da União Europeia, seja ou não para aceitar uma oferta de emprego, o direito de votar em eleições locais e europeias e o direito à não discriminação com base na nacionalidade. Este último foi amplamente interpretado (como era a intenção) como significando igual acesso a benefícios, vagas subsidiadas nas universidades, projetos sociais de habitação e saúde pública.

Assim, a "livre movimentação de trabalho" agora significa "livre movimentação de pessoas", mesmo aquelas que se mudam sem oferta de emprego e cuja liberdade envolve reivindicar benefícios, educação gratuita e habitação social. A União Europeia se expandiu para incluir a maioria dos países da Europa Oriental, arruinados pelo comunismo e cujos cidadãos agora têm o direito legal de se mudar para o interior de nossas fronteiras nacionais, buscando emprego, moradia, benefícios e saúde pública e alterando fundamentalmente o tecido social de muitas cidades e a estrutura de suas escolas. É verdade que matérias assustadoras na imprensa popular sobre os

74 BREXIT: ORIGENS E DESAFIOS

"turistas de benefícios" são exageradas e apelam a sentimentos pouco generosos: provavelmente somente 2% daqueles que solicitaram o pacote completo de benefícios em 2011 eram originários de ex-países comunistas.[21] Mesmo assim, cerca de 70 mil cidadãos da União Europeia entram anualmente no Reino Unido sem oferta de emprego e, em um momento de aguda crise habitacional e traumáticas mudanças nos padrões de emprego, muitos cidadãos britânicos estão infelizes com a situação, que, em uma década, levou ao aumento de nossa população em mais de 2 milhões de pessoas. Mas, como a lei que permite isso está inscrita em um tratado e a interpretação do tratado é garantida legalmente por um tribunal extraterritorial que afirma possuir soberania sobre nosso Parlamento, não há nada que possa ser feito a respeito, para além do Brexit. É como se também fôssemos governados por um tipo de lei religiosa na qual a vontade de Deus soa em cada edito, impedindo mesmo as mudanças mais necessárias.

Mencionei a "livre movimentação de pessoas" não porque essa fosse a consideração mais importante na mente dos que votaram pelo Brexit — de acordo com uma pesquisa feita por Lord Ashcroft no dia da votação, era muito menos importante que a soberania —, mas porque é tão claramente uma questão sobre a qual cada nação deveria ter o direito de tomar suas próprias decisões.[22] Movimentos populacionais mudam rapidamente e em resposta a circunstâncias imprevisíveis (como o súbito colapso do comunismo na Europa Oriental). Ser privado dos instrumentos legais e políticos para se adaptar a essas mudanças é ter perdido o fator mais importante do governo democrático. É justo acrescentar que o governo de Tony Blair exacerbou o problema ao abrir o mercado britânico para trabalhado-

---

21. Ver o relatório publicado pelo Department of Work and Pensions em janeiro de 2012: "Nationality at point of National Insurance number registration of DWP benefit claims", no website do governo.

22. A pesquisa de Ashcroft é reportada em Daniel Hannan, *What Next?* Londres, 2017.

NAÇÕES, NACIONALISMO E NÓS

res dos novos Estados-membros da Europa Oriental em 2004, sete anos antes de a União Europeia exigir isso. No próximo capítulo, apresento uma explicação parcial para essa decisão catastrófica.

Sustento que foi a ligação nacional que tornou possível a cidadania e permitiu que pessoas existissem lado a lado, respeitando os direitos umas das outras, a despeito de radicais diferenças de fé e sem que quaisquer laços de parentesco ou antigos costumes locais sustentassem a solidariedade entre elas. E a União Europeia não mudou isso, não de fato. Os franceses ainda estão unidos por um "plebiscito diário" do tipo descrito por Renan, assim como alemães e espanhóis. E a maioria dos europeus aprecia o presente da nacionalidade, mesmo que não tenha teorias para explicá-la e mesmo que os alemães se mostrem compreensivelmente confusos a respeito. Em uma sociedade de cidadãos, é possível estabelecer boas relações e lealdade partilhada entre estranhos. Você não precisa conhecer seus compatriotas a fim de conhecer seus direitos e deveres em relação a eles, e mesmo sendo eles estranhos, dissidentes, hereges ou esquisitões, isso não altera o fato de que tanto eles quanto você estão preparados para defender o território que os inclui. Essa notável característica da cidadania foi elogiada como princípio governante da democracia ateniense por Péricles, no discurso fúnebre atribuído a ele por Tucídides. O que os movimentos islamistas prometem a seus seguidores não é cidadania, mas *irmandade — ikhwān —*, uma relação mais calorosa, mais próxima e metafisicamente mais satisfatória, mas que logo se inflama por qualquer diferença real de opinião.

Deveríamos aprender uma lição com a fragilidade da ordem política no mundo islâmico, sobretudo porque são os refugiados desse mundo que agora desafiam mais ativamente a ordem política no Ocidente. Deveríamos reconhecer que, ao definir nossa lealdade básica em termos nacionais, nos poupamos dos conflitos civis mais graves e obtemos uma primeira pessoa do plural com a qual nos dirigirmos ao mundo mais amplo. Se nos perguntarmos quem somos, temos uma resposta pronta e pungente que indica nossa determinação em permanecermos juntos em uma perpétua "concordância em discordar". Pertencemos a esse lugar, *nosso país*, e esse país nos define. E, se damos boas-vindas aos recém-chegados, temos de deixar claro que os estamos convidando a pertencer a esse lugar do mesmo modo que nós. É cidadania que oferecemos a eles: não somente seus direitos, mas também seus deveres. E esses direitos e deveres pertencem ao lugar onde estamos.

4.

Nosso país: certo ou errado

Qualquer que seja a narrativa do passado que adotemos, nós a aceitamos porque ela nos diz o que somos *agora*. E pode fazer isso de duas maneiras: ao nos dizer que somos tão bons quanto sempre fomos ou que já não somos as pessoas ruins de antes. A segunda perspectiva, negativa, tem sido ensinada nas escolas há muito tempo e, portanto, não surpreende que nossos jovens achem mais difícil se identificar com nosso país que aqueles de nós que cresceram nas décadas imediatamente após a guerra.

As narrativas históricas não devem seu poder à verdade, mas à "vontade de acreditar". Elas existem na mesma esfera psíquica que mitos e religiões: embelezamentos da vida que surgem do que fazemos e sentimos, e não do que racionalmente pensamos. Acredito na narrativa positiva de nosso passado e encontrei abundantes provas dela no poderosamente argumentado sumário fornecido por Robert Tombs em *The English and Their History* [Os ingleses e sua história].[1] Mas sei que muitos de meus contemporâneos não a aceitam. E é precisamente do comprometimento patriótico dos céticos que precisamos agora.

---

1. Robert Tombs, *The English and their History*, Londres, 2014.

Entre as pessoas cultas, vários fatores exacerbaram os sentimentos negativos em relação ao passado. Há a crescente "cultura de repúdio", que testemunhamos nos canais públicos de comunicação; há a relacionada ética de "não discriminação", em resposta à disseminada sensação de que não temos direito a nossas vantagens herdadas. E há a narrativa de declínio nacional, que nos diz que, quaisquer grandeza e força que tenhamos possuído, a história agora é de fraqueza, incompetência e fragmentação. As três acusações evitam julgamentos comparativos. E isso é significativo, prova de que nossos críticos mais radicais falam de dentro, secretamente aceitando o contexto de lar partilhado. Como nas brigas familiares, as comparações não têm papel a desempenhar: que briga familiar terminou com a pergunta: "Comparado a qual pai eu sou um tirano?"

Mesmo assim, é importante entender essas acusações, uma vez que nossa resposta a elas afetará criticamente o futuro de nosso país e, na verdade, o futuro de todos os países na tênue, mas persistente, aliança que une as democracias ocidentais. Por mais injustificadas que as atitudes negativas possam ser, elas não podem ser ignoradas como modismos, uma vez que não surgem de nenhuma rivalidade consciente ou postura social. Nem são resultado de um argumento raciocinado, como demonstrado precisamente pela ausência de julgamentos comparativos. Pode haver tal argumento, é claro. Mas argumento e modismo são ambos de pequena significância ao avaliar posturas de afirmação ou negação. Essas posturas surgem como "reações viscerais", posições em relação ao mundo social que se originam em partes da psique que podem ser mais facilmente explicadas que alteradas e que colorem todos os nossos pensamentos e decisões, independentemente de nossa habilidade de apoiá-las com raciocínios persuasivos.

A necessidade de um lar é uma adaptação, que gera motivos que podem ser testemunhados em cada aspecto da vida estabelecida. Em seus três grandes estudos sobre crianças — *Apego*, *Separação* e *Perda* —, John Bowlby fornece esmagadoras evidências de que o amor interpessoal e a competência relacional estão enraizados em

NOSSO PAÍS: CERTO OU ERRADO

uma experiência original de apego, que crianças privadas dessa experiência são perturbadas e profundamente antissociais e que tanto as relações adultas normais quanto a capacidade de amar dependem criticamente da experiência essencial do lar.[2] Há muitas evidências de que o lar não é meramente "onde começamos", mas o lugar que esperamos redescobrir, embora de forma adaptada a nossa personalidade adulta. Ele possui esse status em nossos sentimentos autoconscientes, que se alimentam daquelas adaptações primevas, mas cresce e, com o tempo, abarca todos os nossos projetos.

Essas observações estabelecem, para mim indubitavelmente, que os seres humanos, em sua condição enraizada, são animados pela atitude que chamo de oikofilia: o amor pelo *oikos*, que significa não somente o lar, mas as pessoas contidas nele e os agrupamentos circundantes, que dotam esse lar de sua personalidade. O *oikos* é o lugar que não é apenas meu e seu, mas nosso. É o cenário para a primeira pessoa do plural da política, o lócus, tanto real quanto imaginário, onde tudo "acontece".

Ao mesmo tempo, crianças em crescimento experimentam uma força oposta: um vetor na direção do distanciamento, que se torna mais forte durante a adolescência e as leva, ou deveria levar, a se afastarem do lar original e se moverem na direção de seu próprio lar. O adolescente consente em amar o lar e seus ocupantes, mas não em ser aprisionado por eles, como se estivesse preso para sempre. É essa necessária experiência de distanciamento que pode se transmutar em uma postura de repúdio, colorida pela distintiva marca de todas as reações viscerais que se originam da família: a culpa.

Ninguém criado em nosso país desde a Segunda Guerra Mundial pode deixar de estar consciente dessa culpa, que torna praticamente impossível confessar nossas ligações originais ou falar delas sem certa medida de ceticismo. Uma quantidade de zombaria polida tem

---

2. John Bowlby, *Attachment, Separation* and *Loss,* 3 volumes, Nova York, 1999–2001 [*Apego e perda*. 3 volumes. São Paulo: Martins Fontes, 1984].

sido dirigida contra as lealdades históricas por nossas elites intelectuais, que regularmente rejeitam as formas comuns de sentimento patriótico, considerando-as racismo, imperialismo ou xenofobia. Cunhei o termo oikofobia para denotar essa atitude, em uma analogia com a xenofobia de que ela acusa nosso modo herdado de vida. Não quero dizer *medo* do lar, mas repúdio a ele: o afastamento da primeira pessoa do plural herdada.

Oikofobia é um estágio pelo qual todas as mentes adolescentes inevitavelmente passam. Mas também é um estágio no qual podemos ficar presos. Orwell notou isso nos intelectuais ingleses de sua época, mas o fenômeno não é especificamente britânico. Quando Sartre e Foucault pintaram seu retrato da mentalidade "burguesa", a mentalidade dos Outros em sua alteridade, estavam descrevendo o cidadão francês comum e decente e expressando seu desdém pela cultura nacional. Durante algum tempo, esse desdém foi o tema dominante da vida intelectual francesa, a ser encontrado em todo o nonsense pós-1968, de Luce Irigaray a Hélène Cixous e de Gilles Deleuze a Julia Kristeva, e que se espalhou da *rive gauche* para as faculdades de humanas de todo o mundo.

Isso me leva de volta à distinção de David Goodhart entre os "de algum lugar" e os "de qualquer lugar". Há aqueles para os quais a ligação com um lugar específico e o modo de vida nele existente é definitiva para sua condição, e que desejam a todo custo conservar esse lugar como o lar ao qual pertencem. E há aqueles que são facilmente desenraizados, podem sem esforço levar suas habilidades e redes sociais de um lugar para outro e geralmente encontram um nicho para si mesmos. Educação, imaginação e habilidades dotam as pessoas desse caráter "de qualquer lugar", ao passo que aqueles que não contam com tais vantagens são mais tenazes na manutenção dos hábitos que conhecem. Na Grã-Bretanha, onde metade dos adolescentes frequenta a universidade e ir para a faculdade geralmente envolve se mudar para longe de casa, os jovens cada vez

NOSSO PAÍS: CERTO OU ERRADO

mais adquirem uma identidade "de qualquer lugar" — donde sua mudança para a esquerda nas eleições recentes.

A União Europeia, com seu compromisso com a liberdade de movimentação e sua hostilidade aos sentimentos "nacionalistas" das pessoas comuns, é do mesmo modo um projeto "de qualquer lugar" que confere benefícios aos que possuem mobilidade e custos para as comunidades assentadas que devem abrir espaço para eles. Mas ambos os tipos de pessoa podem desenvolver ligações com o tempo. A oikofilia é propriedade comum de todos que desejam se estabelecer e, no tempo certo, os "de qualquer lugar" cederão a ela. É assim que as grandes cidades são criadas, quando os "de qualquer lugar" chegam a um lugar que passam a considerar seu. As pesquisas de opinião sugerem que ambos os lados do debate Brexit — os que queriam sair e os que queriam permanecer — identificaram o que mais importava para eles como emprego, família e lugar ou, em outras palavras, as três maneiras normais de enraizar-se.[3] Assim, não é a distinção de Goodhart que tenho em mente ao contrastar oikofilia e oikofobia. De Byron a Orwell, os grandes andarilhos literários escreveram elogiosamente sobre as comunidades enraizadas e os lugares encantados que as sustentavam. Os "de qualquer lugar" encontram sentido nos lugares que outros criam, assim como Byron encontrou sentido em Veneza e Orwell nas comunidades industriais na estrada para Wigan Pier. As deambulações da pessoa "de qualquer lugar" são evocadas em *A peregrinação de Childe Harold*: viagens entre santuários, cada um deles tornado sagrado pelas pessoas que ali vivem.

As raízes da oikofobia não residem no desejo de estar em outro lugar. Na verdade, são mais profundas que a razão, e é pouco provável que algum argumento possa erradicá-las. Os oikofóbicos definem seus objetivos e ideais *contra* alguma forma querida de filiação: contra a família, a nação ou qualquer outra coisa que possa reivindicar, por

---

3. Pesquisas conduzidas pela BMG a pedido da Comissão para a Renovação Nacional.

mais justificadamente que seja, sua lealdade. Eles promovem instituições transnacionais no lugar de governos nacionais, definindo sua visão política em termos de valores universais que foram purgados de todas as referências às ligações particulares das comunidades históricas reais. A seus próprios olhos, os oikofóbicos são defensores do universalismo iluminista contra o chauvinismo local. E eles veem com alarme a ascensão de políticos "populistas" que afirmam falar em nome do povo contra a classe política, um alarme abundantemente ilustrado por sua reação à votação do Brexit. Mas são animados mais por hostilidade ao real que por amor ao possível. A oikofobia busca um fulcro fora da sociedade herdada do qual as fundações dessa sociedade possam ser derrubadas; donde o flerte com o comunismo soviético entre os intelectuais da época de Orwell e o islamismo radical dos imigrantes muçulmanos de segunda geração de hoje.

Faz-se necessária, não somente na Grã-Bretanha, mas em todas as democracias ocidentais, uma tentativa séria de chegar ao tipo de patriotismo estendido que inclua o maior número possível daqueles que são tentados pelo caminho do não pertencimento. Isso não pode ser conseguido somente através da política, uma vez que se relaciona à primeira pessoa do plural da qual a política depende. É uma tarefa cultural, não política, e aqueles que tentam realizá-la por meios políticos — como Marine Le Pen na França e Geert Wilders na Holanda — correm o risco de alienar as próprias pessoas que desejam recrutar, aquelas que se sentem mais isoladas no lugar que deveria ser seu lar e cujos sentimentos provavelmente serão expressos mais como raivosa rejeição que como pacífica acomodação em relação aos vizinhos.

Os afetos sociais não podem ser impostos pela política, mas podem ser influenciados por meio da discussão e do exemplo, de obras de arte e da cultura popular, e do esforço combinado dos patriotas para dar uma voz amável e humana a sua visão de mundo — uma visão de mundo que inclua seus críticos na tarefa de construir a nação. Há um processo de compromisso e conciliação que permite

NOSSO PAÍS: CERTO OU ERRADO

que os profundamente enraizados e os itinerantes vivam juntos, e é esse processo natural que a oikofobia atrapalha.

Grandes artistas que começaram a vida em uma postura de repúdio frequentemente se voltaram para a aceitação e a reconciliação, de modo algum renunciando a seu criticismo, mas abrindo-se para as coisas que partilham com as pessoas comuns. Foi nesse espírito que Benjamin Britten compôs suas parábolas para igrejas e *War Requiem*, obras que indicam uma renovada união em seguida à guerra. Muitos compositores de minha geração foram inspirados pelo exemplo de Britten, escrevendo músicas que apresentam a ideia de uma comunidade contínua e inclusiva em um espírito de afirmação. Penso nas sinfonias e nos quartetos para cordas de David Matthews; nas obras para orquestra de John Maxwell Geddes e Sir James MacMillan; em *Stone King*, de Robin Walker; e nas óperas recentes que se ligam a contos e dramas da literatura inglesa: *Gawain*, de Harrison Birtwistle, por exemplo; *Conto de inverno*, de Ryan Wigglesworth; e *Pincher Martin*, de Oliver Rudland.

Na pintura, assim como na música, houve uma onda de repúdio e dessacralização, mas sua própria designação como "arte jovem britânica" contém uma disfarçada abertura para o povo britânico, um convite para se juntar à obra de destruição e, talvez, se unir novamente depois dela. Não há dúvida sobre a natureza efêmera dessa antiarte e sobre o caráter muito mais durável das comoventes obras que começam a se tornar visíveis conforme declina o olhar zangado dos jovens artistas britânicos: as celebrações das salas de estar da classe média de David Hockney; o hino à experiência inglesa que é *A Humument*, de Tom Phillips; o estatuário cívico de Sandy Stoddart na Escócia; e o impressionante desenvolvimento dos retratos por intermédio da Sociedade Real de Retratistas. Alguns poucos romancistas e poetas aderiram à postura de repúdio, mas a história contada por nossos melhores escritores de hoje é de aceitação, buscando nas dobras da vida moderna os lugares onde a simpatia pode florescer. É assim com os altamente populares romances e contos de Nick Hornby, Mark Haddon e Ian McEwan, com a poesia de John Burnside, Don Paterson e Wendy Cope e com o tocante romance em quadrinhos que revisita a Inglaterra operária de Orwell: *Ethel e Ernest*, de Raymond Briggs.

O aspecto afirmativo da alta cultura se liga diretamente à cultura em suas formas mais populares. Não devemos subestimar a importância da ficção histórica, como *Wolf Hall* e *Bring Up the Bodies*, os primeiros dois romances da planejada trilogia de Hilary Mantel, ou as séries de TV inspiradas neles. A esses depósitos de fatos romanceados, devemos acrescentar as muitas séries devotadas ao legado britânico, das quais a reflexão de Simon Schama sobre o retratismo britânico (*The Face of Britain*) fornece um exemplo tão impactante. As séries mais populares permanecem sendo as que falam com afeto das maneiras pelas quais nosso país foi colonizado — *East Enders, Coronation Street, Downton Abbey, Dad's Army, Steptoe and Son* —, e poucos dramas televisivos recentes tiveram tanto sucesso quanto as histórias de Sherlock Holmes atualizadas por Steven Moffat e Mark Gatiss, nas quais a Londres moderna é reimersa em seu mistério vitoriano. Em toda a cultura popular, dos romances de detetive e dos thrillers de espionagem a musicais como *Oliver!* e *Billy Elliot*, encontramos uma despretensiosa domesticidade de visão, um reconhecimento de que nada realmente faz sentido exceto contra o fundo de normalidade no qual nos sentimos em casa. E os musicais também mostram quão ecléticos e cosmopolitas esse sentimento pelo normal e essa simpatia por aqueles compelidos a se afastar dele podem ser. De *A noviça rebelde* a *Os miseráveis* e de *Amor, sublime amor* a *Mamma Mia!*, encontramos os musicais se estendendo por todo o globo para mostrar que o que somos aqui em casa é também o que as pessoas são no lugar que lhes pertence.

Contudo, nas universidades e nos canais de comunicação de elite, a oikofobia permanece, e sua força na política é totalmente desproporcional a seu lugar no coração do cidadão comum. Ela assume a forma da recusa em aceitar a realidade humana sem primeiro expor a alegada injustiça sobre a qual ela repousa. Instituições e relações conferem benefícios àqueles a quem incluem, mas não aos remanescentes. Esse inocente fato foi reescrito pela imaginação oikofóbica como prova de "exclusão social". O amor que une minha família é inclusivo. Você, que não é membro da minha família, consequentemente está excluído dele. É claro que essa exclusão não é proposital, mas meramente o subproduto de um benefício que só existe se não for conferido a todos. Mas não é assim que os oikofóbicos veem o mundo. Pois a exclusão que é subproduto de um privilégio pode ser apresentada como seu objetivo primário, parte de uma estratégia de dominação com a qual as velhas hierarquias se sustentam, explorando e pisoteando aqueles que privam.

Como resultado, toda uma herança de costumes e instituições pode ser questionada por aqueles determinados a denunciá-la e repudiá-la. Aspectos da cultura doméstica são denunciados como racistas, sexistas, xenofóbicos, homofóbicos e islamofóbicos, e a invenção de "ismos" e "fobias" acompanha as tentativas da acuada comunidade de se defender. Como observei, os acusadores raramente fazem as comparações de que suas acusações dependem. Comparada a que sociedade moderna, por exemplo, a Grã-Bretanha é considerada "sexista"? Como as acusações de islamofobia se saem em comparação com o tratamento dado aos infiéis em países de população majoritariamente muçulmana? A Grã-Bretanha, que recebeu onda após onda de imigrantes em anos recentes e forneceu educação, assistência médica e inclusão social a todos eles, é notavelmente mais xenofóbica que a Arábia Saudita, que volta suas costas para os refugiados da vizinha Síria e proíbe todas as formas de adoração pública que não sejam o Islã sunita, ou o Japão, que praticamente não deixa ninguém entrar?

Especialmente danosa tem sido a abrangente acusação de "racismo" feita contra a sociedade britânica por aqueles determinados a destruir suas principais instituições. A acusação se tornou tão vasta e ubíqua que praticamente não faz mais sentido, com exceção de seus efeitos. Para um policial, um assistente social, um professor ou

86 BREXIT: ORIGENS E DESAFIOS

qualquer funcionário público, ser acusado de racismo é enfrentar o fim da carreira. Uma vez acusado, o veredito de culpado automaticamente se segue, como no caso de Ray Honeyford, o diretor de Bradford que foi a público com fatos sobre residentes paquistaneses que faziam uso de sua escola e recusavam a educação que ele era obrigado por lei a fornecer a seus filhos.[4] Sugerir, como fez Honeyford, que a educação escolar deve fornecer o conhecimento necessário para se tornar um cidadão britânico integrado e que o apartheid religiosamente motivado não tem lugar no currículo foi suficiente para dar início à acusação de "racista!" Não importa que raça nada tenha a ver com a questão. Não importa que não exista uma ideia alternativa de educação que seja remotamente compatível com a intenção dos imigrantes paquistaneses de permanecerem e, se possível, prosperarem neste país. Simplesmente afirmar um conceito de britanidade, por mais ameno e pouco exigente que seja, é atrair essa acusação, cujo charme, na mente dos que a fazem, é o fato de não ter definição, poder ser feita contra qualquer um e sempre funcionar, uma vez que não há defesa reconhecida contra ela. Foi assim com um juiz escocês, Lord Justice MacPherson, que acusou toda nossa força policial de "racismo institucionalizado", uma acusação que, como tem por alvo a instituição, e não um de seus membros individuais, jamais pode ser refutada pelo bom comportamento, quem quer que o exiba.

Nosso país tem sido dividido por esse tipo de retórica, cujo objetivo e efeito é dar voz aos ressentimentos ao remover o direito de discuti-los. O ressentimento se torna uma causa sagrada, como era para nazistas, fascistas e comunistas. E qualquer um que fale em compromisso com a ordem existente é considerado inimigo. Algo

---

4. O caso começou com um artigo enviado por Ray Honeyford ao *Salisbury Review*, do qual eu era editor, em 1983. A publicação do artigo arruinou sua carreira e quase destruiu a minha. Contei parte da história na entrada sob seu nome em *Dictionary of National Biography*.

NOSSO PAÍS: CERTO OU ERRADO

similar aconteceu com todos os outros ismos e fobias. A adoção da "islamofobia" é a mais recente tentativa de silenciar aqueles que defendem nosso legado de liberdade e leis contra seus oponentes extremistas. E está evitando a discussão do problema mais importante que enfrentamos agora: o de nossa minoria muçulmana e os jihadistas que crescem em seu meio. Retornarei a esse problema no capítulo final. Por agora, é necessário apenas reconhecer o truque: a invenção de uma palavra a fim de proteger uma posição favorita contra a discussão e silenciar a maioria ao arruinar a reputação de alguém que fala em seu nome.

Um resultado positivo do referendo do Brexit é que, após a primeira rajada do meme "racismo e xenofobia", um momento de verdade ocorreu ao povo britânico e até mesmo iluminou brevemente a BBC. Por algum tempo, ficou evidente para as pessoas cultas que esses rótulos, criados para silenciar e estigmatizar, são expletivos vazios, substitutos para o raciocínio em uma época na qual o raciocínio é mais necessário que nunca.[5] Uma ou duas pessoas começaram a fazer julgamentos comparativos e concluíram que a Grã-Bretanha, quando comparada a outras comunidades, não é, afinal de contas, uma sociedade racista, mesmo que haja racistas entre nós, alguns dos quais obtiveram destaque durante o referendo. Não é uma sociedade intolerante com minorias religiosas, ao menos não hoje em dia, e talvez não seriamente desde a aprovação da Lei de Emancipação Católica de 1829. Não tem sido, em tempos recentes, seriamente antissemita, e o aumento da violência e da agressão antissemitas tem se devido amplamente a imigrantes muçulmanos que ainda não se adaptaram à cultura circundante. No geral, experimentamos um momento de despertar, no qual nossa situação como sociedade

---

5. Digo que isso ficou claro para todas as pessoas inteligentes, mas parece que Julian Barnes, certamente um de nossos escritores mais inteligentes, reitera sem moderação as acusações contra os *"Brexiteers"*. Ver *London Review of Books*, volume 39, n. 8.

multirracial com grande número de imigrantes recentes foi aceita como ponto de partida para uma discussão pública livre e franca. Nessas circunstâncias, não há "inimigos internos" além daqueles que querem impedir a discussão: os jihadistas, os neofascistas e os críticos liberais que gritam "racismo e xenofobia" sempre que encontram uma visão de mundo diferente da sua.

Mas seria tolo subestimar o impacto da oikofobia em nossa cultura nacional e, na verdade, na civilização ocidental como um todo. O repúdio, assim como a afirmação, é uma forma de filiação: filiação entre os virtuosos e salvos. O dogma dos oikofóbicos é que nenhuma minoria, nenhum postulante, nenhuma pessoa à margem deveria ser excluída e todas as barreiras deveriam ser derrubadas em benefício daqueles que se batem contra elas. Essa atitude tem sido ativa na política, uma vez que a arena política é a única na qual pode ser adotada sem custo, com esse custo sempre recaindo sobre outrem: a pequena comunidade que tentou se defender do maremoto global, os aposentados que desejaram passar seus últimos dias entre sua própria gente, os operários em indústrias que diminuem o custo laboral ao importar uma nova e mais barata força de trabalho.

Cada inclusão é também uma exclusão: por maior que seja o grupo, sempre haverá um teste de filiação, e aqueles que não passarem serão excluídos. Uma política de completa inclusão, que repudia todas as identidades de grupo, é uma política que não reconhece a filiação e, consequentemente, não é política para nenhuma comunidade concebível. É o extremo do *laissez-faire*, que se recusa a ver o que acontece quando as pessoas não conseguem encontrar as marcas da comunidade no mundo à sua volta, a saber, a guerra civil. As pessoas que Goodhart descreve como "de algum lugar" são aquelas que reconhecem, em seus sentimentos profundos, que a inclusão é a fundação necessária da filiação social e que a recusa em excluir significa, portanto, a morte da comunidade.

Mesmo assim, em todas as pressões criadas pelas migrações, nossa elite política, incitada pelos oikofóbicos, considerou "racismo e xenofobia" qualquer reserva relacionada ao constante fluxo de pessoas sem qualquer registro comprovado de lealdade ou qualquer razão óbvia para adquiri-la. Foi a oikofobia da elite universitária em torno de Tony Blair que o levou a abrir o mercado de trabalho para o Leste Europeu sete anos antes de a União Europeia exigir que fizesse isso. E essa atitude ainda desempenha grande papel na política de seus sucessores no Partido Trabalhista. Após a votação do Brexit, finalmente há uma oportunidade para insistirmos na regra básica da política, que é o fato de que inclusão significa exclusão, mesmo que toda a questão seja a da inclusão.

Isso não significa negar que há queixas, algumas de longa data, às quais temos de responder. Nem sofrer a ilusão de que conflitos declarados e incipientes em nossa sociedade possam ceder imediatamente à negociação e ao compromisso. Todavia, é nesse momento que devemos revisitar a observação de Orwell de que o povo britânico é mais ou menos destituído de crenças religiosas, embora mantenha uma essência de profundo sentimento cristão. Essa, para Orwell, era a fonte de sua observada gentileza e de seu "excêntrico hábito", como disse ele, "de não matarem uns aos outros".

Em minha opinião, essa observação é de suma importância. Pois o que os britânicos retiveram de sua herança cristã é precisamente aquilo de que mais precisam em seu dilema pós-religioso. A religião cristã é fundada sobre uma história — a história dos Evangelhos — e um ritual religioso no qual essa história é repetida e santificada, em palavras e músicas que marcam a alma do fiel. A história fala de um sacrifício supremo no qual a mais sagrada das pessoas morreu pela redenção dos pecadores. Não é uma história que incite violência, raiva ou vingança, mas uma história de sofrimento, compaixão e autossacrifício. A mensagem do salvador está contida nas palavras da oração que ele nos ensinou: "Perdoai as nossas ofensas assim como nós perdoamos a quem nos tenha ofendido." Toda ênfase está na ideia de que precisamos de perdão e o obteremos, mas somente por meio da confissão de nossos erros e do perdão àqueles que nos feriram.

O ritual religioso é similar. A Oração da Manhã começa com uma confissão geral e é uma longa lembrança de nossa falta de mérito, oferecendo absolvição em troca do humilde reconhecimento de que não a merecemos. Com o passar dos séculos, esse despretensioso ritual penetrou as almas daqueles que o realizavam, de modo que confessar os erros e buscar perdão se tornaram respostas instintivas e imediatas em qualquer disputa. Nossos procedimentos consuetudinários em casos contratuais e de responsabilidade civil refletem isso, com um elaborado conceito de responsabilidade decorrente da reflexão sobre a primeira pergunta que surge em todos os desacordos: "Quem é o culpado?" Se o erro é nosso, assumimos a culpa e tentamos melhorar nossa conduta e oferecer compensações. Também nas pequenas coisas nos preparamos para a confissão, como em nossa imediata resposta de "sinto muito" quando alguém nos dá um encontrão na rua.

Não estou sugerindo que todo cidadão britânico sempre se comporta dessa maneira impecável. O que quero dizer é que há um modelo de bom comportamento que reconhecemos e que nos guia quando lidamos com o mundo. E essa é uma das razões para os ataques dos oikofóbicos terem tanto alcance. É precisamente porque estamos prontos para assumir nossas falhas que ataques radicais desse tipo funcionam. Mesmo que seja injusto acusar o povo britânico de racismo ou xenofobia, a acusação faz certo sentido: por serem britânicos, eles ouvirão a acusação, examinarão suas consciências e confessarão quaisquer erros que reconheçam. Tente fazer essa acusação aos islamistas do Iraque ou da Síria: o único resultado será uma lista de *seus* pecados, jamais uma confissão ou a decisão de oferecer compensações. Na verdade, como escreve Czesław Miłosz em "At a Certain Age" [Em certa idade], um revelador poema sobre

NOSSO PAÍS: CERTO OU ERRADO 91

a destruição da alma sob o comunismo, foi precisamente o hábito de confessar nossas faltas à primeira vítima dos movimentos totalitários que lutaram contra o espírito de compromisso durante o século XX, com o islamismo sendo meramente seu último sucessor. Nós na Grã-Bretanha tivemos sucesso em defender nosso governo livre e democrático e, com ele, nosso hábito de honesta autocrítica por meio da opinião pública, da política e do direito. Está na hora de reconhecer isso e nos orgulharmos precisamente daquilo que torna tão fácil nos acusar: nosso hábito de aceitarmos sinceramente as críticas.

A disposição para responder por nossos erros pode ser observada mesmo na pior das atrocidades imperiais. Em seguida ao massacre de Amritsar em abril de 1919, a comissão liderada por Lord Hunter foi unânime em condenar a ação e, como resultado, a Câmara dos Comuns forçou o coronel Dyer, o oficial responsável, a se aposentar. Certamente não foi uma punição devastadora, mas foi uma punição, acompanhada de um relatório que condenou radicalmente a atitude e o papel do exército inglês na Índia. O recente caso do fuzileiro Alexander Blackman, que matou um membro ferido do Talibã nas estressantes circunstâncias de combate, é igualmente significativo. Blackman foi julgado por homicídio e considerado culpado. Subsequentemente, como resultado da campanha promovida por sua esposa, o veredito foi modificado para homicídio culposo. Pergunte-se se tal julgamento seria concebivelmente realizado pelo Talibã (ou qualquer entidade similar) e verá em que extensão a justiça e a responsabilidade foram impressas em nosso caráter nacional.

Mas as armas dos oikofóbicos não se limitam aos ismos e fobias. Há outra e mais sutil acusação por trás de sua hostilidade pelo arranjo existente: a "nostalgia", usada como negação generalizada de qualquer ligação que envolva um senso aguçado do passado. Essa acusação foi feita contra todos que votaram pelo Brexit, tanto comunidades da classe operária nas velhas cidades industriais do norte quanto os supostos *little Englanders* dos condados domésticos e os defensores da "anglosfera" mundial. Com nostalgia se quer dizer o desejo de retornar a um mundo idealizado que jamais foi tão consolador quanto sua imagem lembrada e que, de qualquer modo, já não está acessível. A acusação de nostalgia é uma resposta pronta e frequentemente impensada àqueles que hesitam em voltar as costas para o que amam, e vale a pena fazermos uma pausa para nos perguntarmos o que ela realmente significa e se a coisa de que nos acusa realmente é um defeito tão grande.

A palavra (do grego *nostos*, jornada para casa) denota a dor que as pessoas sentem quando são separadas do lugar e da forma de vida aos quais pertencem. A capacidade de sentir essa dor era vista pelos antigos gregos como parte de um caráter virtuoso, prova da lealdade que ligava o indivíduo à comunidade.

A obra fundacional de nossa literatura — a *Odisseia* de Homero — conta a história de um homem que abre mão da imortalidade e da vida ao lado de uma deusa para viajar por mares perigosos e retornar a seu *oikos*, a casa onde sua mulher Penélope, seu filho Telêmaco e seus criados esperam por ele, a fim de resgatá-los dos intrusos que tentaram desapropriá-lo. Odisseu volta do "lugar nenhum" imortal e imutável da ilha de Calipso para o mortal e mutável "algum lugar" que é seu, ligado a ele pelos mais firmes laços existenciais. Considerar seu anseio utópico é falhar em ver que ele faz parte da mais máscula e corajosa atitude em relação ao futuro, na qual o passado é evocado não como refúgio, mas sim como inspiração e objeto de confiança.

Nossos poetas nos dizem que chegamos em casa "como se conhecêssemos o lugar pela primeira vez", como afirmou Eliot em *Four Quartets*, seu grande poema de retorno ao lar. Voltar para casa não é uma fuga do mundo, mas sua afirmação — tal é o tema de *Heimkehr*, de Hölderlin, descrevendo a jornada de retorno, que também é a jornada até o lugar de pertencimento. De mil maneiras a arte e a religião nos oferecem o retorno ao lar como verdadeira redenção. Aqueles que ignoram esse sentimento como "mera nostalgia" e,

NOSSO PAÍS: CERTO OU ERRADO 93

portanto, como retrógrado ignoram o que somos. Se há utopismo e sentimentalidade nesse confronto, não é por parte dos defensores do lar e do pertencimento, mas por parte daqueles que imaginam que os seres humanos podem viver em um "lugar nenhum" separado e universal e ainda assim reter as simpatias que fazem a vida valer a pena. Existe uma utopia do algum lugar, mas há também uma utopia do lugar nenhum, que é o lar dos corações congelados.

Mesmo assim, há um argumento válido nos avisos contra a nostalgia. É correto e digno manter a memória do lar e buscar um modo de redescobri-lo. Mas viver por um lar irrecuperavelmente perdido no passado é viver sem esperança ou consolo. E isso não é viver. Precisamos tomar nota de todas as maneiras pelas quais o mundo mudou e, em particular, evitar impor aos jovens uma visão de seu país que não corresponde a nada que já tenham experimentado e que está enraizada em um mundo que foi destruído pelas forças globais. É correto elogiar as virtudes de um mundo desaparecido, como faz Stefan Zweig tão belamente em *Die Welt von Gestern*. Mas é errado defendê-lo como possibilidade da vida real.

Isso me leva aos "declinistas". Toda uma escola de escrita emergiu na Grã-Bretanha do pós-guerra com o objetivo de contar a história de nosso declínio nacional, uma escola tipificada por Correlli Barnett, que, em uma série de livros brilhantes, argumentou contra a elite britânica e sua educação, dizendo-nos que o etos, o currículo e o estilo de vida dos colégios particulares e das universidades colegiadas fizeram pouco ou nada para nos preparar para os grandes conflitos de nosso tempo.[6] O ideal do cavalheiro, com sua ênfase no jogo limpo e na honestidade, nos deixou em desvantagem no conflito contra forças calculistas e cínicas. O currículo clássico colocou

---

6. Correlli Barnett, *The Collapse of British Power*, Londres, 1972; *The Audit of War*, Londres, 1986; e *The Lost Victory: British Dreams, British Realities, 1945–50*, Londres, 1995.

o mundo moderno a uma distância muito grande do erudito que o absorveu; o rebaixamento representado pela ciência e pela tecnologia fez com que fôssemos assaltados por uma paralisante nostalgia, que nos levou a dar um ar gótico a nossa indústria e cercá-la de proibições feudais. Nas palavras de Barnett, a educação instilada pelos colégios particulares e pelas velhas universidades tem sido não uma preparação para o mundo, mas uma inoculação contra ele.[7]

Em resposta, é válido observar que nosso conhecimento avança amplamente porque é buscado por si mesmo, de modo que aqueles que fazem descobertas frequentemente não têm uso para elas. Mas o conhecimento nascido como luxo rapidamente se torna necessidade, conforme o mundo se adapta para recebê-lo. Aqueles estudantes românticos destinados aos gabinetes governamentais em Londres inicialmente não sabiam que as línguas mortas e as literaturas antigas que eram a soma de seu aprendizado seriam exatamente do que precisariam para governar um império global. Mas Homero e Virgílio os dotaram de instintiva simpatia pelas culturas pagãs, e seu conhecimento da história antiga os preparou para o encontro com as tribos africanas. De sua experiência com a história antiga aplicada surgiu a nova ciência da antropologia. E, mais tarde, foram os amadores britânicos, fazendo experimentos com coisas aparentemente inúteis, que fizeram as descobertas que alteraram o equilíbrio da guerra: o radar, o motor a jato e os primeiros programas de computador.

Retornando às minhas observações no começo deste capítulo, as queixas de Barnett não contêm julgamento comparativo. Comparada a que elite a nossa falhou tão miseravelmente? Em que país do mundo moderno encontramos um sistema educacional que se sai tão favoravelmente na comparação com nossas universidades? Que nações europeias, não impedidas pelo código do cavalheirismo, nos mostraram o caminho para a construção bem-sucedida de um

---

7. Ibid., *The Collapse of British Power*, p. 37.

NOSSO PAÍS: CERTO OU ERRADO

império e se retiraram com mérito de suas colônias? Todas essas comparações indicam o sucesso dos britânicos. Ao devotar seus anos formativos às coisas inúteis, eles se tornaram supremamente úteis. E, ao internalizar o código de honra, não se tornaram indefesos em um mundo de chicana e crime, como supôs Barnett, mas se dotaram da única defesa real que a vida humana pode oferecer: a confiança instintiva entre estranhos, que permite que, em circunstâncias perigosas, eles ajam juntos, como um time.

Os sofismas de Barnett enchem apenas uma prateleira da crescente biblioteca de literatura declinista. Dos ataques de Anthony Sampson à rede de velhos colegas de faculdade ao desdém de Paul Mason pelo sistema financeiro, dos avisos de dissolução da Grã-Bretanha de Tom Nairn à descrição de nosso declínio industrial feita por David Coates e outros, repete-se a mensagem de que os britânicos estão ficando para trás, perdendo, falhando em estar onde deveriam estar na marcha atual das nações modernas.[8] Mas onde, exatamente, deveriam estar? E atrás de quem estão ficando? Os problemas que sofremos atingem todas as nações bem-sucedidas do mundo ao qual pertencemos e declínio industrial é simplesmente outro nome para a mudança mundial das manufaturas para a indústria de serviços. A sensação de fragmentação social é observada em todo o mundo pós-cristão enquanto tentamos manter famílias e comunidades vivas sem a fé que previamente as unia. A rede de "velhos amigos" que controla as economias russa e chinesa faz com que a classe executiva britânica pareça um bando de escoteiros inocentes. E assim por diante. O fato é que a narrativa repetida de nosso declínio não nos dá nada com que seguir em frente, nenhum fato, teoria ou objetivo que possamos usar para nossa vantagem no mundo como ele é. É

---

8. Anthony Sampson, *Anatomy of Britain*, Londres, 1962; Paul Mason, *Postcapitalism: A Guide to Our Future*, Londres, 2016; Tom Nairn, *The Break-up of Britain*, Londres, 1977; David Coates, textos listados em seu website: davidcoates.net.

"uma história contada por um idiota, cheia de som e de fúria, sem nenhum significado".

Examinei algumas das críticas dirigidas aos sentimentos patrióticos dos quais falarei a seguir. Como já enfatizei, essas críticas fazem sentido parcialmente porque está na natureza do povo britânico aceitá-las abertamente. Embora venham mais da esquerda que da direita, minha resposta a elas não é feita em nome de partidos políticos nem é, exceto no sentido mais amplo, conservadora. Nem todos os esquerdistas são oikofóbicos e o mais persuasivo deles pode muito bem concordar com o argumento de seu colega radical Richard Rorty, em *Achieving our Country* [Conquistando nosso país] (1997), no qual ele argumenta que "o orgulho nacional é para os países o que o respeito próprio é para os indivíduos: uma condição necessária para o aperfeiçoamento". Rorty reconhece a capacidade de seus compatriotas americanos de sentirem vergonha, mas argumenta que todos devemos nos envolver com nossos países de uma maneira que "o orgulho supere a vergonha". Isso é verdade em todo país que pode ser visto por seus cidadãos como "nosso".

Isso, todavia, me leva de volta à distinção de Goodhart. Podem os de qualquer lugar ser incluídos nos mesmos termos que os de algum lugar, em um arranjo que enfatiza o lugar como fonte de cidadania? E qual deles, perguntará o leitor, é você: de qualquer lugar ou de algum lugar? Respondo a primeira pergunta no capítulo 6; quanto à segunda, respondo que sou, na taxonomia de Goodhart, uma pessoa de qualquer lugar. Cresci nos subúrbios e, depois da universidade, mudei-me para Londres. Minha primeira casa própria foi na França e eu poderia facilmente morar lá de novo. Vim para o lugar que agora é meu há apenas 25 anos, após décadas de inquietude. Refletindo sobre meu país, escrevi *England: An Elegy* [Inglaterra, uma elegia], que foi publicado em 2000 e descreve minha sensação de ver as coisas de fora, como visitante parcialmente afastado. Descrevo como me estabeleci no rural Wiltshire em *News from Somewhere* [Notícias de algum lugar], de 2004,

NOSSO PAÍS: CERTO OU ERRADO

que conta a história das pessoas e do lugar em torno de minha casa. O relato que faço é novamente marcado em todos os momentos pelo desejo do outsider de pertencer a um local que sempre estará, no fim das contas, parcialmente fechado para ele. Durante algum tempo, fui capaz de desarraigar a mim mesmo e à minha família a fim de comprar uma casa, com o mesmo desejo de fazer parte das coisas, na área rural da Virgínia. Desde que visitei a então Tchecoslováquia em 1979, sou patriota tcheco e, no romance *Notes from Underground* [Notas do subterrâneo], de 2014, descrevo a pátria destruída e os locais sagrados dos tchecos, através dos olhos de dois jovens que buscam essas coisas nas catacumbas e bebem sempre que podem dos reservatórios ocultos do pertencimento. Em *I Drink Therefore I am* [Bebo, logo sou], de 2009, retorno em minha imaginação à pátria espiritual francesa, ao passo que minha mais completa tentativa de vindicar a cultura nacional contra a identidade religiosa de uma comunidade moderna é *A Land Held Hostage* [Uma terra feita de refém], de 1987, que defende o estabelecimento libanês contra o internacionalismo de credo do Hezbollah. Vago pelo mundo em busca de um lar e jamais estou totalmente no local onde meu corpo atualmente reside.

Por essa razão, no entanto, estou agudamente consciente do fato de que o lugar e as redes que nele se desenvolvem estão no coração do pertencimento. Pessoas de qualquer lugar precisam de raízes tanto quanto pessoas de algum lugar; a diferença é que precisam descobrir essas raízes sozinhas — tal é a lição do pungente exame da alma moderna feito por Simone Weil em seu ensaio póstumo *L'Enracinement*.[9] A descoberta das raízes, quando ocorre, fornece forças tanto a nossos vizinhos quanto a nós mesmos. Pois conduz ao principal benefício que uma pessoa móvel leva para um local de assentamento, que é a gratidão por tê-lo encontrado.

---

9. Simone Weil, *L'Enracinement, prélude à une déclaration des devoirs envers l'être humain*, Paris, 1949; traduzido como *The Need for Roots* [A necessidade de raízes].

5.

As raízes da liberdade britânica

É clichê dizer que vivemos em um país livre. Mas nem todos os clichês são falsos e me parece que esse toca uma verdade que jaz no coração de nossa história nacional. A liberdade de que gozamos é um fato objetivo, uma vez que está oculta nos próprios procedimentos de nosso direito e, consequentemente, protegida de captura. Embora tenhamos uma "carta de direitos" adotada pelo Parlamento em 1689 como parte do arranjo que se seguiu à prolongada crise do século XVII, e embora também tenhamos uma lei de direitos humanos, aprovada em resposta à insistência da União Europeia na adoção explícita de suas ortodoxias institucionais, os direitos individuais são garantidos em nosso país desde os tempos medievais. Vários fatores contribuíram para esse resultado, com os dois mais importantes sendo, em fato e lenda, a carta magna de 1215 e o direito consuetudinário, que nos vem dos tempos saxônios.

A carta magna exigia que o monarca selasse um contrato com "a comunidade do reino", o que significava "todo mundo em nosso reino". O contrato seria imposto ao rei por um conselho de 25 barões, com toda a comunidade sob juramento de ajudá-los quando necessário. Embora direitos específicos fossem concedidos a "todos os homens livres", com mulheres e servos estando presumivelmente excluídos, a carta conferiu a todo homem e mulher, sem distinção, direito à justiça, proteção contra exigências arbitrárias de dinheiro, bens e trabalho e liberdade do casamento forçado. É possível exagerar a importância desse documento, apresentado em circunstâncias tensas por barões exasperados a um rei petulante. De fato, ele só adquiriu sua atual importância mítica no século XIX, após *History of England*, de Macaulay: significativamente, Shakespeare sequer o menciona em sua peça *Rei João*. Mesmo assim, é o mais próximo que temos de uma constituição escrita, e suas origens, como petição de baixo em vez de imposição de cima (como a francesa "Declaração dos direitos do homem e do cidadão" de 1789), o dotam de significância simbólica sem comparação entre os registros de nosso governo.

Muitas de nossas liberdades foram herdadas do direito consuetudinário, que protege os direitos não ao declará-los explicitamente, e assim expô-los a emendas, mas ao enterrá-los nos procedimentos dos tribunais. A presunção de inocência, o julgamento por júri e o sistema de apelações asseguram que os acusados de crimes têm máxima proteção contra abusos. O procedimento criminal é adversarial, com o acusado sendo levado perante o juiz enquanto os advogados de acusação e defesa argumentam o caso em termos iguais, e um júri de pessoas comuns e honestas decide o veredito. Isso contrasta radicalmente com o procedimento inquisitorial das jurisdições (civis) do direito romano tradicional, no qual um suspeito é levado ao juiz examinador (o francês *juge d'instruction*), que pode detê-lo por vários meses enquanto coleta evidências. A investigação pode levar a uma acusação e, consequentemente, a um julgamento; mas pode não levar. Embora o procedimento inquisitorial esteja desaparecendo de grande parte da Europa, ele

AS RAÍZES DA LIBERDADE BRITÂNICA

subsiste na França e é responsável tanto pela frequente detenção sem julgamento de inocentes quanto pela comparativa facilidade com que o sistema judiciário francês consegue lidar com suspeitos de terrorismo. (O lado negativo de nossa liberdade é que os criminosos também gozam dela.)

Desde o início dos tempos, o direito consuetudinário tem sido um instrumento nas mãos do cidadão comum, usado para combater a opressão. Já comentei sobre a ordem de *habeas corpus*, que é uma expressão desse fato notável. Embora explicitamente concedida por lei em 1679, a ordem existe desde a Idade Média e esteve disponível a todos os súditos da Coroa, independentemente de serem homens livres ou servos. Dá-se o mesmo com o estatuto de entrada forçada de 1381, que substitui um antigo direito consuetudinário e permite que todos os súditos da Coroa fechem a porta contra aqueles que buscam invadir seu espaço. Na verdade, o direito consuetudinário concedeu tantos direitos tácitos aos servos contra seus senhores que a servidão desapareceu da Inglaterra em 1450, 350 anos antes de ser abolida em grande parte do continente.

Nos casos civis, o direito consuetudinário evoluiu através da doutrina de precedentes, não pela declaração explícita de princípios ditados de cima, mas como descoberta dos direitos e deveres das partes, determinados pelos fatos do caso e pelos precedentes aplicáveis a eles. Isso também contribuiu para a liberdade do súdito, ao assegurar que cada caso seja ouvido por seus méritos e o julgamento seja construído como esforço combinado para "fazer justiça" às partes, e não para dobrá-las à vontade do Estado. É válido notar que, ao contrário dos tribunais europeus e continentais, nossos tribunais superiores publicam todas as opiniões, incluindo as opiniões dissidentes dos juízes que votaram contra o veredito, enfatizando a ideia da lei como algo a ser descoberto por meio do argumento, e não a ser imposto por decreto.

A doutrina da soberania do Parlamento é amplamente vista como principal raiz da constituição britânica. Mas, embora a autoridade do Parlamento sustente as decisões dos tribunais consuetudinários, essas decisões não são tomadas pelo Parlamento, mas por juízes. Os juízes podem estar aplicando estatutos, mas nem sempre, e suas decisões podem ser válidas mesmo quando não há nenhum estatuto que afirme isso. Essa característica do direito consuetudinário está em tensão com os procedimentos por meio dos quais o Reino Unido, como membro da União Europeia, tem sido governado. E reflete o que pode ser razoavelmente chamado de filosofia rival de governo, na qual a soberania popular é enfatizada em cada estágio do processo decisório. A ideia britânica de governo foi fundada na concepção de autoridade que flui de baixo para cima, do cidadão, através dos tribunais, até o Parlamento e os gabinetes do Estado, e não de cima para baixo, do soberano para o cidadão. Consequentemente, o povo britânico tem a inabalável crença de que qualquer um que, na hierarquia de tomada de decisões, tenha poder sobre os outros também deve responder a eles pela maneira como esse poder é exercido. A responsabilidade é o limite no interior do qual todo governo legítimo ocorre. Desde os tempos medievais, é possível apelar aos tribunais para decidir que o poder conferido a um oficial foi usado *ultra vires*, para além da autoridade legal, e, dessa maneira, anular seu efeito. E o sentimento resultante pelas leis, como posses do súdito, e não imposições do soberano, desempenhou papel decisivo em nossa história, muito antes dos conflitos com os tribunais europeus.

Foi assim que, quando James VI da Escócia herdou a Coroa inglesa em 1603, levou consigo para Westminster uma concepção de direito que, na época, era hostil à prática inglesa. O direito escocês é um sistema de direito romano, que então enfatizava o poder do soberano como fonte da ordem legal e, assim, mesclava-se mal

AS RAÍZES DA LIBERDADE BRITÂNICA   103

às ideias inglesas de governo parlamentar. Desde o Decreto de União de 1707, o direito escocês tem sido amplamente adaptado à jurisdição de direito consuetudinário do Reino Unido, mas pode--se dizer que a ruptura entre a monarquia Stuart e o Parlamento foi exacerbada pelo conflito entre concepções de cima para baixo e de baixo para cima de poder legal. E esse conflito é parte do que testemunhamos na atitude britânica em relação ao direito europeu, como no notório caso Factortame, no qual o Parlamento tentou em vão proteger nossa indústria pesqueira dos pescadores ilegais espanhóis e a queixa legítima de nossos pescadores não encontrou remédio legal.[1]

De fato, nas questões civis, o direito consuetudinário é concebido amplamente como sistema de remediação. O súdito que foi prejudicado vai até o tribunal em busca de reparação. E o princípio do direito consuetudinário é que o tribunal tenta colocá-lo na posição em que estaria se não tivesse sido prejudicado. Indenizações por danos seguem esse princípio, e o conceito de responsabilidade se desenvolveu paralelamente a ele. O soberano é, na realidade, servidor do tribunal em tais casos, sendo solicitado a impor a decisão, mas não a tomá-la.

A concepção de direito civil como surgindo da busca caso a caso por um remédio dá origem a duas outras características notáveis do direito consuetudinário. A primeira é que as regras do direito são derivadas de julgamentos particulares, não o contrário. Quando um caso foi corretamente decidido, os juízes buscam o *ratio decidendi*, o princípio que sustenta a decisão. Esse princípio pode não ter sido declarado pelo juiz de primeira instância. Pode ter sido uma descoberta do tribunal de apelações, e pode até per-

---

1. O Factortame na verdade foi composto de quatro casos, com o crucial sendo *R v. Secretary of State for Transport Ex p Factortame (No. 2)* [1991] HL.

manecer incerto, mesmo que todos os lados concordem que o caso foi corretamente decidido — em outras palavras, que o remédio certo foi descoberto.

Às vezes, o Parlamento interfere para fornecer um sistema de regras, como aconteceu com a Lei de Responsabilidade Civil dos Ocupantes de 1957. Mas essas regras serão, como nesse caso, amplamente uma tentativa de resumir e dar consistência aos resultados de grande número de casos decididos. Os julgamentos serão, filosoficamente falando, a verdadeira autoridade por trás da decisão do Parlamento. Muitos casos podem ser retirados dos registros de tribunais de direito consuetudinário fora do Reino Unido, como nesse exemplo, no qual decisões dos tribunais americanos e australianos exerceram poderosa influência sobre a lei.

O segundo resultado notável dessa abordagem de baixo para cima do direito foi a emergência de um outro sistema legal a partir do próprio conceito de remédio. Princípios desenvolvidos por meio do direito consuetudinário e dos tribunais do rei não cobrem todo tipo de prejuízo que um súdito pode sofrer. Assim surgiu, na Idade Média, o costume de apelar diretamente ao soberano. As petições eram ouvidas pelo Lorde Chanceler no Tribunal da Chancelaria e adjudicadas pela aplicação de princípios (as máximas de equidade) derivados amplamente de reflexões filosóficas e eclesiásticas sobre a ideia de justiça. Assim surgiu o sistema de "equidade", que concede "remédios equitativos" quando as leis existentes nada podem fazer para ajudar.

Dois desses remédios são particularmente importantes no presente contexto, uma vez que ilustram a maneira extraordinária pela qual as pessoas foram empoderadas pelos tribunais ingleses a fim de solucionarem seus problemas por si mesmas. O primeiro é o remédio, ou, antes, o conjunto de remédios, subsumido na ideia de fideicomisso. F. W. Maitland avaliou a questão corretamente: "Se nos perguntassem qual é a maior e mais distintiva realização

AS RAÍZES DA LIBERDADE BRITÂNICA

dos ingleses no campo da jurisprudência, acho que não teríamos resposta melhor que o desenvolvimento, século após século, da ideia de fideicomisso."[2] Por meio da equidade, o direito inglês desenvolveu formas de propriedade que definem deveres sem conferir direito de propriedade, como os deveres de um fideicomissário definidos em testamento; criou meios de dividir a propriedade e reconhecer os muitos interesses investidos na posse partilhada; e foi capaz de proteger as partes inocentes da exploração através do "fideicomisso construtivo", que retorna à vítima os bens que lhe foram retirados. De centenas de maneiras, foi capaz de reconhecer e garantir as formas de propriedade conjunta e ação coletiva que surgem espontaneamente entre pessoas sociáveis. De fato, amplificou e protegeu o gênio associativo do povo britânico e é uma das grandes razões pelas quais ele se combina com tanta facilidade nos "pequenos pelotões" exaltados por Edmund Burke.

Graças às leis fiduciárias, as pessoas vivendo sob o direito inglês podem se associar sem pedir permissão ao Estado e proteger o fundo resultante para os propósitos pretendidos. Podem agir como "associações sem personalidade jurídica" em busca de suas próprias excentricidades e mostrar a língua para quem quer que não as aprove. Podem conferir propriedades e poderes para agir a todas as associações da sociedade civil que considerem atraentes, sem sequer consultar os canais oficiais: uma liberdade de ação que não tem equivalente real na França ou na Alemanha, onde áreas inteiras de ação civil são governadas por estatutos que conferem poder a corpos administrativos, de modo que os cidadãos só podem se associar para um objetivo se primeiro tiverem permissão do Estado.

O outro remédio empoderador é o da liminar. Pode-se peticionar ao Tribunal da Chancelaria para que intervenha no caso de ameaça

---

2. F. W. Maitland, *Selected Essays*, Londres, 1911, p. 129.

106

BREXIT: ORIGENS E DESAFIOS

de dano — difamação, por exemplo, ou perseguição quase criminosa —, concedendo uma liminar. Isso não meramente avisa a outra parte sobre as penalidades civis, como também transforma a ação que ameaça realizar em desacato ao tribunal e, consequentemente, crime. Em outras palavras, usa toda a força do direito criminal em socorro do peticionante, que na prática agora se dirige à pessoa que o ameaça com o próprio soberano a seu lado.

O extraordinário poder que esses dois remédios concedem ao cidadão é bem ilustrado pelos casos de proteção ambiental na Inglaterra. Discutirei brevemente um deles, uma vez que mostra a maneira pela qual os remédios equitativos podem triunfar sobre as medidas administrativas. Uma das primeiras tentativas do Parlamento de lidar com o problema da poluição ambiental foi a aprovação da Lei de Saúde Pública de 1875 e das Leis de Prevenção à Poluição dos Rios de 1876 e 1893. Essas leis deram às autoridades locais o poder de iniciar procedimentos criminais contra os poluidores. Contudo, os principais poluidores eram as autoridades locais, que descarregavam esgoto nos rios sem se preocupar com seu efeito sobre pessoas e peixes correnteza abaixo. Como resultado, poucas ações eram iniciadas e as multas impostas eram ridículas. Leis subsequentes nada fizeram para retificar a principal fraqueza da legislação, que era o fato de tratar os próprios rios como bens comuns, aos quais nenhum indivíduo tinha direito litigável e que, por definição, eram propriedade do Estado e estavam sujeitos a seus editos. Nos anos após a Segunda Guerra Mundial, quando a Grã-Bretanha experimentava uma economia socialista, com indústrias nacionalizadas de larga escala, compras compulsórias e grandes privilégios estendidos a qualquer corpo que pudesse ser descrito como "público", os rios sofreram severa poluição e muitos dos mais belos morreram.[3]

---

3. O caso foi lucidamente narrado por Roger Bate, *Saving Our Streams: The Role of the Anglers' Conservation Association in Protecting English and Welsh Rivers*, Londres, 2001.

AS RAÍZES DA LIBERDADE BRITÂNICA 107

Contudo, havia outro procedimento possível. Estava claro, desde o caso *Chasemere v. Richards*, de 1859, que o direito consuetudinário reconhecia o direito dos proprietários ribeirinhos de gozarem de água não poluída.[4] Assim definido, o quase direito de propriedade dá a esses proprietários motivo para iniciar uma ação de direito civil contra aqueles que destroem a condição natural da água que flui por suas terras. Foi um advogado e pescador, John Eastwood, que viu a oportunidade que isso apresentava para resgatar os rios do Estado. Enquanto as penalidades criadas pelas leis contra poluição raramente eram pesadas o suficiente para impedir os infratores e, de qualquer modo, só podiam ser administradas depois que o dano já estava feito, uma ação civil poderia ser usada tanto para pôr fim à poluição quanto para evitá-la antes que ocorresse. Isso porque os tribunais podiam conceder uma liminar, emitida antes do delito, levando a uma severa acusação de desacato ao tribunal contra aquele que a desobedecesse.

Eastwood encorajou pescadores e clubes de pesca a comprarem terras adjacentes aos rios, a fim de terem o direito de iniciar ações civis contra aqueles que estavam destruindo seu esporte. Em 1948, ele fundou a Associação Cooperativa de Pescadores, que se tornaria a Associação de Conservação dos Pescadores, criada para oferecer apoio financeiro àqueles que estavam em posição de iniciar procedimentos legais.

Esse tipo de iniciativa civil é facilitado pela lei fiduciária e pela lei de associações, que permitem que clubes sejam litigantes coletivos em um tribunal. Assim, eles não precisam de um ato constituinte e nenhum tipo de permissão do Estado. Em alguns anos, os pescadores do país se uniram pela proteção de seu esporte, e o histórico caso "Pride of Derby", de 1952, no qual três réus — uma empresa

---

4. [1859], 7 H.L. Caso 349.

108   BREXIT: ORIGENS E DESAFIOS

privada, uma indústria nacionalizada e um governo local — foram compelidos a deixar de poluir o rio Derwent, acordou tanto a indústria quanto o Estado para a necessidade de modificar seu comportamento.[5]

Tais casos ilustram duas grandes vantagens de nosso sistema de baixo para cima. É um sistema que empodera o cidadão e permite que os problemas sejam resolvidos onde surgem e de maneira apropriada. Decisões administrativas impostas de cima não têm esse tipo de flexibilidade e, de qualquer modo, têm o inevitável efeito de desempoderar os cidadãos mais bem colocados para entender e resolver o problema por si mesmos. Frequentemente se argumenta em favor da União Europeia dizendo que, como os problemas ambientais não respeitam fronteiras, só podem ser resolvidos por diretivas e regulamentações transnacionais do tipo desenvolvido pela Comissão Europeia. Isso é o oposto da verdade. Problemas ambientais são tão específicos e concretos quanto qualquer outro, e igualmente dependentes do interesse ativo dos seres humanos em sua solução. A "solução" ditada pela União Europeia para um problema que não existia de fato — a possibilidade de carne doente entrar na cadeia alimentar humana — foi a diretiva que destruiu todos os abatedouros locais da Grã-Bretanha, levando, por uma inevitável cadeia de eventos, à destruição da pecuária britânica pela febre aftosa em 2001, a um custo de 8 bilhões de libras esterlinas.[6] A solução humana de pequena escala foi substituída pela ordem burocrática de larga escala, e o resultado foi tanto imprevisível quanto incontrolável, uma vez que nenhum dos envolvidos sabia o que estava fazendo e todos os antigos canais de responsabilidade foram bloqueados.

---

5. *Pride of Derby and Derbyshire Angling Association and Earl of Harrington v. British Celanese Ltd., the Derby Corporation and the British Electricity Authority*, [1952] 1 All ER 179.
6. Descrevo o caso em *Green Philosophy*, Londres, 2012, pp. 110–11.

AS RAÍZES DA LIBERDADE BRITÂNICA

109

As características da jurisdição consuetudinária para as quais chamei atenção exibem o que Friedrich Hayek chama de "racionalidade evolutiva".[7] Princípios consuetudinários não são deduzidos de editos universais formulados abstratamente, mas emergem com o tempo de soluções descobertas caso a caso. Como preços em um mercado, são subproduto de um grande número de decisões de pessoas que podem não se conhecer, mas cujo comportamento mesmo assim afeta as condições sob as quais todas agem. O direito emerge dessa miríade de pequenas decisões e é sensível às circunstâncias concretas que as produzem. Nisso, tem uma vantagem que pode ser chamada de "epistemológica": oferece sabedoria prática no lugar de uma especulação *a priori*.

Mas isso me leva a outro ponto de atrito entre a jurisdição consuetudinária e a ordem legal europeia. É uma característica essencial da racionalidade evolutiva o fato de ela *se adaptar*. A adaptação é o princípio governante da evolução em todas as suas formas, e isso não é menos verdade para o direito do que para a biologia. Quando as circunstâncias mudam, o mesmo faz o direito; se não fizer, entra em conflito com a realidade. Nosso direito de baixo para cima é adaptativo por natureza. No caso da Associação de Pescadores, ela enfrentou o problema da poluição diretamente, ao passo que os editos de cima para baixo do Parlamento simplesmente deixaram o problema como estava. O mesmo é verdade para as leis de responsabilidade civil durante o período moderno, e o resumo de adaptações que pode ser lido na Lei de Responsabilidade Civil dos Ocupantes de 1957 é prova vívida disso.

Assembleias nacionais e parlamentos também podem se adaptar a circunstâncias mutáveis, e suas leis, embora sejam menos flexíveis e mais afastadas das iniciativas dos cidadãos, também podem respon-

---

7. F. A. Hayek, *Law, Legislation and Liberty*, 3 volumes, Londres, 1964.

der aos novos problemas conforme surgem. E, se os governos falham nisso, podem ser substituídos, e com toda probabilidade serão, nas próximas eleições. Mas o mesmo não é verdade para os tratados, que repousam sobre o processo legislativo como mãos-mortas. E, quanto mais signatários, mais difícil modificá-los, por mais vital que seja a necessidade. Foi isso que acrescentou entusiasmo ao voto pelo Brexit, que, embora tenha sido amplamente um protesto contra as formas não democráticas de governo, também foi, em parte, um protesto contra as provisões dos tratados que modificaram radicalmente o aspecto de muitas de nossas cidades: as cláusulas que permitem liberdade de movimentação de todas as pessoas no interior da União Europeia.

Comentei no capítulo 2 o efeito dessas provisões de "liberdade de movimentação" como criativamente interpretadas pelo Tribunal Europeu de Justiça após o Tratado de Maastricht. Elas inevitavelmente resultaram em britânicos de comunidades da classe operária competindo com estrangeiros por habitação, emprego e assistência médica e enviando seus filhos para escolas nas quais o inglês é segunda língua. O fato importante não é se essas pessoas estão certas ou erradas em se ressentirem disso, mas se — caso se ressintam — o direito pode dar conta do que sentem. Os tratados não podem ser mudados e o direito consuetudinário não tem como fornecer remédio contra eles. Para pessoas que viveram pelo princípio de que o direito é seu amigo e traz o soberano para seu lado em qualquer conflito, a ideia de um edito imutável ditado de algum lugar para além das fronteiras do reino é profundamente inaceitável. Cidadãos britânicos comuns podem não possuir a filosofia que justifica seus sentimentos. Mas é assim que se sentem. E seus sentimentos são o resultado de sua herança legal, que transformou o direito em um ativo do povo, e não um meio para controlá-lo.

AS RAÍZES DA LIBERDADE BRITÂNICA   111

A soberania popular é reconhecida não somente nos procedimentos seguidos pelos tribunais, mas também na suposição não verbalizada da vida civil de que tudo é permitido, a menos que seja explicitamente proibido. Esse princípio tem sido a força motriz por trás da reforma do direito criminal nos tempos modernos. Em *Sobre a liberdade*, John Stuart Mill explicitou a ideia de que não cabe ao direito invadir a liberdade individual, a menos que haja alguma prova de dano sofrido por outrem. Não cabe ao direito evitar que ajamos de forma imoral ou egoísta. É a moralidade, e não o direito, que tem a tarefa de retificar nossa conduta, e o direito só pode interferir se essa conduta for uma ameaça para outros.

Você pode pensar que é óbvio que o direito deve estar vinculado ao princípio de que tudo é permitido, a menos que seja proibido. Mas, de uma centena de maneiras, os sistemas legais se afastam desse princípio e, quando fazem isso, nem sempre estão disponíveis para os cidadãos os instrumentos que lhes permitiriam corrigi-los. O direito criminal dos países comunistas permitia a prisão e a punição de qualquer um, dependendo dos desejos do partido e de seus agentes. Os casos documentados afirmam que o princípio que corroborava o direito era o de que tudo era proibido, a menos que fosse explicitamente permitido.[8] É claro que as coisas não são dessa maneira nas democracias europeias de hoje. Mesmo assim, em muitas delas, pode não estar antecipadamente claro quais associações, manifestações ou atividades educacionais são permitidas, até que sejam julgadas por um tribunal. A educação em casa, por exemplo, é proibida na Alemanha e, em muitas áreas, as associações devem iniciar o processo de registro e constituição de pessoa jurídica antes de poderem recrutar seus membros. Na Alemanha, você só pode

---

8. Ver R. Scruton, "Totalitarianism and the Rule of Law", em Ellen Frankel Paul (ed.), *Totalitarianism at the Crossroads*, Londres e New Brunswick, 1990.

se mudar de casa se fizer um registro na polícia em seu novo local de residência, e todo cidadão deve carregar uma carteira de identidade e apresentá-la quando solicitado.

O filósofo Leszek Kołakowski certa vez resumiu, de maneira meio humorística, as diferenças entre as culturas legais: na Inglaterra, tudo é permitido, a menos que seja proibido; na Alemanha, tudo é proibido, a menos que seja permitido; na França, tudo é permitido, mesmo quando é proibido; e, na Rússia, tudo é proibido, mesmo quando é permitido.[9] As diferenças aqui são reais e parte do que tornou a filiação à União Europeia tão difícil para nós. Precisamente porque o direito é propriedade do cidadão, e não do Estado, interpretamos as leis de modo estrito e as aplicamos de modo literal. Assim, liberdade de movimentação realmente significa liberdade de movimentação. Na França, na Bélgica e na Alemanha, a liberdade de movimentação é nominalmente permitida pelos tratados, mas tudo é feito para se esquivar da lei, impondo condições de emprego e residência designadas para proteger o mercado de trabalho local da competição que chega.

Este último ponto toca uma distinção vital entre países que emitem ou não carteiras de identidade para seus cidadãos. Na maioria dos países-membros da União Europeia, elas são requeridas como prova de residência, que não é concedida automaticamente, mas com frequência apenas após inquéritos sobre renda e emprego. Indubitavelmente a carteira de identidade foi uma barreira efetiva na Alemanha, na França e na Bélgica para os europeus orientais que desejavam se estabelecer por lá, e também ajudou os esforços para antecipar os planos de terroristas. Contudo, quando se sugere que seja introduzida em nosso país, os protestos sempre pesam mais que os argumentos favoráveis, pois muitas vozes insistem que

---

9. Comunicação oral.

AS RAÍZES DA LIBERDADE BRITÂNICA

seria o primeiro passo na direção de um Estado controlador. Para o britânico, cada carteira de identidade traz, ao lado da fotografia do portador, a fotografia do Big Brother.

A suspeita em relação à carteira de identidade reflete uma característica profunda da sociedade britânica, que é a conexão entre liberdade e confiança. Precisamente porque somos livres para nos associar como quisermos, para construir redes, instituições e pequenos pelotões sem permissão ou reconhecimento oficial, a honestidade é altamente valorizada. A sociedade britânica emergiu através dos séculos como rede autopoliciada de confiança entre estranhos. É porque cada membro é livre para conceder e receber confiança que ele deseja que esse tipo de confiança emerja e se torne um ativo coletivo seguro para as pessoas ligadas a ele. Imigrações em massa de comunidades que não constroem confiança dessa maneira — que dependem de redes familiares, como os sicilianos, ou obediência religiosa, como os paquistaneses — ameaçaram o velho legado da ação comunal e lembraram ao povo britânico o lado negativo da liberdade. A liberdade que cria confiança também pode, em mãos erradas, destruí-la.

Isso dito, é importante valorizar a liberdade de se associar para objetivos próprios gozada pelo povo britânico. Somos livres para nos organizar contra os esquemas do governo, formar associações sem personalidade jurídica como clubes, times e iniciativas de caridade, fundar escolas e faculdades fora do controle do Estado e nos engajar em práticas religiosas radicalmente distantes das estabelecidas. Os princípios mencionados, relacionados a equidade, fideicomisso e medida liminar, são aplicáveis a todas as esferas da vida social e responsáveis pela facilidade e imediaticidade com que o povo britânico se une em momentos de crise, para fornecer ajuda às vítimas de desastre e às instituições e iniciativas que atendem a alguma necessidade percebida. A diferença entre a Grã-Bretanha e a Euro-

114 BREXIT: ORIGENS E DESAFIOS

pa continental nessa conexão é testemunhada pela proporção do PIB dedicada à caridade em vários países. De acordo com o *World Giving Index* de 2015 da Charities Aid Foundation, que mensura as doações individuais para caridade como proporção do PIB, o Reino Unido está em primeiro lugar entre os países europeus e quarto lugar no mundo, depois dos Estados Unidos, da Nova Zelândia e do Canadá, todos os três, muito interessantemente, países de direito consuetudinário. A Itália está em nono lugar na lista, a Alemanha em décimo segundo e a França em décimo sétimo, com os antigos países comunistas sendo praticamente invisíveis.[10]

A liberdade de associação é um aspecto da confiança social. Nós nos associamos livremente porque, de modo geral, nosso hábito de fazer isso não representou ameaça ao Estado ou aos grupos no interior do Estado. Raramente passa pela cabeça dos políticos limitar essa liberdade, e todas as tentativas enfrentam resistência. O mesmo vale para a liberdade de expressão, que, para pessoas educadas na Grã-Bretanha do pós-guerra, tem sido uma firme premissa do modo de vida britânico. Como disse John Stuart Mill:

> O peculiar mal de silenciar a expressão de uma opinião é o de roubar a raça humana, tanto a posteridade quanto a geração existente, e roubar ainda mais os que discordam da opinião do que aqueles que a defendem. Se a opinião estiver certa, serão privados da oportunidade de trocar o erro pela verdade; se estiver errada, perderão um benefício quase tão grande: a percepção mais clara e viva da verdade, produzida por sua colisão com o erro.[11]

---

10. CAF World Giving Index 2015, cafonline.org. Vale notar que, de acordo com as estatísticas governamentais, 70% de nossa população doam tempo e recursos em atividades voluntárias e 75% doam para caridade em qualquer período de quatro semanas, um terço das pessoas está engajado no processo democrático e quase 90% acreditam morar em um lugar onde pessoas de diferentes backgrounds vivem bem juntas. Cabinet Office Community Life Survey 2015–2016.
11. J. S. Mill, *On Liberty*, Londres, 1859 [*Sobre a liberdade*. São Paulo: Hedra, 2010].

AS RAÍZES DA LIBERDADE BRITÂNICA

Essa famosa declaração não é a última palavra sobre a questão, mas foi a primeira e, durante minha juventude, era a opinião de todas as pessoas cultas. Acreditávamos que o direito protegeria os heréticos, os dissidentes e os questionadores de quaisquer punições criadas para intimidá-los ou silenciá-los, pela exata razão de que a verdade e a argumentação são sagradas e devem ser protegidas contra aqueles que buscam suprimi-las. Além disso, a opinião pública estava inteiramente do lado do direito, pronta para envergonhar os que presumiam ter o direito de silenciar seus oponentes, qualquer que fosse a questão em discussão e por mais extremas ou absurdas que fossem as opiniões expressadas.

Se isso está mudando agora não é porque o povo britânico nativo adquiriu o súbito desejo de silenciar seus críticos, mas porque novas forças estão presentes entre nós, com o Islã radical e a identidade política sendo as mais evidentes. Ameaças à livre expressão em nosso país não surgem de nossa identidade nacional ou de nossa herança legal. Ao contrário, vêm de facções minoritárias que não podem viver facilmente com essas coisas e, por essa razão, são a raiz de alguns dos problemas que agora enfrentamos. A liberdade de expressão é sinal de uma primeira pessoa do plural forte, que permite que pessoas que discordam em coisas fundamentais vivam juntas em uma condição de mútua tolerância. O crescimento de identidades rivais — notavelmente a identidade buscada pelos islamistas, que não reconhecem nenhuma nação particular como lar, e as identidades negativas cujo lar natural são as universidades — fez com que a primeira pessoa do plural se fragmentasse, de modo que já não parece seguro ir a público com as opiniões ortodoxas de ontem.

As identidades políticas são agora um fato da vida e, no próximo capítulo, analisarei suas consequências mais amplas. Mas vale notar que, embora a ameaça à livre expressão seja séria, o povo britânico demonstrou forte determinação de resistir a ela. Nossa primeira pessoa do plural está centrada na crença de que temos de responder uns aos outros, como pessoas que partilham uma terra e as liberdades nela protegidas. O remédio para o conflito não é o confronto armado, mas a discussão de nossas diferenças. O procedimento adversarial dos tribunais consuetudinários é, portanto, o modelo que seguimos instintivamente sempre que surge um conflito. Acreditamos que silenciar um dos lados da disputa é garantir que ela se agrave.

Em nossa sociedade, quem quer que detenha o poder não o detém a partir de uma fonte externa — é nisso que acreditamos. Ele possui poder porque nós o conferimos. E, como nós o conferimos, ele deve responder a nós e será julgado pela lei se abusar de seu cargo. O poder, na concepção britânica, jamais é simplesmente poder *sobre* outros, mas sempre poder *conferido* por outros, e qualquer afastamento dessa regra causa ressentimento — talvez não conscientemente, mas como forte sensação de que aquele que tenta nos dar ordens está sendo impertinente. Quando fica claro que não fomos consultados sobre questões — da migração de populações inteiras à abolição gratuita de nosso antigo sistema de pesos e medidas — que afetam profundamente nosso senso de quem somos, nos tornamos vocais em nossa resistência.

O caso dos pesos e medidas parece trivial e, é claro, em comparação com a massiva interferência da legislação da União Europeia nas leis de emprego e nas práticas comerciais sob a rubrica de "saúde e segurança", não é tão interessante. Todavia, a imposição do sistema métrico levou a uma muito divulgada campanha de desobediência civil e os sentimentos expressados graficamente ilustram a distinção entre uma sociedade na qual a ordem surge por uma mão invisível das transações livres e uma na qual a ordem é imposta de cima por um plano racional. Assim, é adequado citar o que escrevi sobre esse tópico em *England: An Elegy*:

AS RAÍZES DA LIBERDADE BRITÂNICA

Para o observador de fora, o sistema monetário da Inglaterra [o sistema pré-métrico no qual 240 pence equivalem a 1 libra] era totalmente ilógico. Para os próprios ingleses, no entanto, ele partilhava as características de seus pesos e medidas, que eram construídos por divisão, e não por adição, e consequentemente apresentavam estranhas angularidades aritméticas: 8 quartilhos para 1 galão, 14 libras para 1 *stone*, 8 *stone* para 1 *hundredweight*; 12 polegadas para 1 pé, 3 pés para 1 jarda e, espantosamente, 1.750 jardas para 1 milha — sem falar em *rods* e *perches*, *gills* e *turns*.

Pesos e medidas mediam nossas transações diárias e, consequentemente, estão impressos em nosso senso de filiação. São símbolos da ordem social e destilações de nossos hábitos cotidianos. As antigas medidas inglesas já tiveram equivalentes no continente. Mas os revolucionários franceses achavam que eram símbolos de uma sociedade hierárquica e voltada para o passado, que sentia mais respeito pelos costumes e precedentes que pelo progresso e pelo futuro. Elas eram confusas, improvisadas e cheias de compromissos, assim como a vida humana é cheia de compromissos quando insuficientemente controlada. O que se fazia necessário, acreditavam os revolucionários, era um sistema de medidas que expressasse a nova ordem social, baseada na razão. Como o sistema decimal é a base da aritmética e como a matemática é o símbolo da razão e de seus frios imperativos, o sistema decimal precisava ser imposto à força, a fim de afastar as pessoas livres de suas velhas ligações.

A distinção entre os sistemas métrico e imperial corresponde à distinção entre razoável e racional, entre soluções adquiridas por meio de costumes e compromissos e soluções impostas por um plano. Por mais confusas que as medidas imperiais possam parecer aos obcecados por matemática, elas são — ao contrário do sistema métrico — evidentemente produtos da vida. Nas transações comuns, animadas e complacentes entre as pessoas, a medição é feita por divisão e multiplicação, não por adição. Os revolucionários franceses acreditavam que, ao mudar pesos e medidas, calendários e festivais, nomes de ruas e marcos históricos, podiam minar mais efetivamente as ligações antigas e locais do povo francês, a fim de recrutá-lo para seu propósito internacional. A sobrevivência dos antigos pesos e medidas na Inglaterra dá testemunho do princípio subjacente à sociedade inglesa, qual seja, o de que a sociedade deve ser governada não de cima, mas de dentro, por costumes, tradições e compromissos e pelo hábito da razoabilidade, que é o mais importante inimigo da razão. As medidas inglesas foram criadas para promover transações confortáveis e partilhas justas, e não para conveniência dos contadores estatais. Elas partilham as mesmas características de duas das maiores invenções do direito inglês — a copropriedade (concebida como "fundo para venda") e a responsabilidade civil limitada —, invenções que, em vez de retardarem o empreendedorismo, como imaginam os de mente racional, colocaram a Inglaterra cem anos à frente da Europa continental na busca pela prosperidade industrial.

Como eu disse, pesos e medidas são uma questão trivial quando comparados a diferenças tão fundamentais entre as nações como horas de trabalho, currículo escolar, planejamento urbano, política de habitação e proteção das áreas rurais. Mas o exemplo ilustra os mitos rivais da carta magna e da vanguarda entremeados no tecido social. Nossa sociedade avançou de maneira tranquila e às vezes atabalhoada, emergindo de acordos particulares e escolhas individuais. A ordem é o subproduto não intencional de compromissos e disputas nos tribunais. Ela não se conforma a nenhum plano, mas somente às restrições implícitas em nossos acordos flutuantes, incluindo nosso acordo em rejeitar aqueles que possuem planos para nós. A ideia de ordem instilada nos tratados europeus é bastante diferente. É uma ordem imposta de cima e transmitida à sociedade

AS RAÍZES DA LIBERDADE BRITÂNICA

civil por um sistema de regulamentações inescapáveis, administradas por uma burocracia que não responde a ninguém abaixo de si, mas somente àqueles entre os quais é recrutada e que jamais pagam o preço por seus erros.

Recuperar nossa soberania nacional significa recuperar a cultura da responsabilidade. E pensar que isso ameaçará nosso desempenho econômico, nossas relações comerciais ou nossa habilidade de negociar um lugar no mundo é falhar em ver o que a liberdade britânica realmente significou para nós. É precisamente por meio do exercício da responsabilidade que avançamos mais facilmente, tanto nas relações econômicas quanto nos laços de amizade e boa vontade. Restabelecer o princípio da responsabilidade no centro da vida política é dar o primeiro passo para superar a disseminada sensação de alienação do governo e colocar as pessoas — tanto as enraizadas quanto as móveis — onde precisam estar, no centro de todas as decisões que as afetam.

6.

O impacto da globalização

O passado é constantemente refeito à imagem do presente. Lemos nossa identidade presente em nossa história não a fim de descobrir a verdade, mas a fim de substituir um mito por outro. Quando, após a guerra franco-prussiana de 1870–1871, os franceses se desiludiram com sua história nacional de triunfo revolucionário e *gloire* napoleônica, a imagem da França católica, cuja defesa dependia de atos religiosos de sacrifício, foi desenterrada dos escombros. O novo ícone da nação não era a vanguarda revolucionária de 1789 ou o conquistador heroico de 1805, mas a camponesa que dera tudo por seu país, como guia e inspiração para seu rei. A história de Joana d'Arc entrou para a literatura, a arte e as orações do povo francês, levando à sua canonização após a Primeira Guerra Mundial, quando os franceses novamente lutavam para aceitar suas estupendas perdas. La France reassumiu seu gênero feminino: a "terna e zombeteira garota que não pertence a ninguém", como o escritor católico Georges Bernanos a descreveu.

No devido curso, a história nacional retomou seu padrão secular, mas não antes que a alta cultura do país tivesse sido virada de cabeça para baixo pelo renascimento católico. Uma das últimas manifestações desse renascimento, a ópera *Diálogos das carmelitas,*

BREXIT: ORIGENS E DESAFIOS

de Poulenc, adaptando um roteiro de Bernanos, foi composta há 65 anos e não poderia ter sido composta hoje. Era uma sincera tentativa dos católicos de "voltar atrás" na Revolução Francesa. E permanece como um farol sobre a rotineira literatura antiburguesa do pós--guerra, transmitindo uma imagem da França que desafia tudo na atual história oficial. É uma pungente ilustração da maneira pela qual um passado reinventado pode iluminar brevemente o presente, antes de afundar sob o fluxo de novas emergências e das ficções designadas para amenizá-las.

Falei muito sobre o passado de nosso país e sobre os ícones que embelezam a antiga ideia de soberania popular que partilhamos amplamente com a diáspora de língua inglesa. Mas o que esses ícones significam hoje e como podem ser adaptados à condição de comunicação global e comércio sem fronteiras na qual os jovens são criados? Lemos que os jovens votaram em uma proporção de dois para um pela permanência na União Europeia, mesmo que um terço deles não tenha se dado ao trabalho de votar. Novamente, na subsequente eleição geral, votaram em números sem precedentes, organizando-se por meio das mídias sociais e das redes universitárias para apoiar o oikofóbico radical Jeremy Corbyn.[1] Como devemos interpretar esses fatos e que lição devemos tirar para a política atual? Se houver uma história positiva sobre o curso escolhido por nosso país, ela deve ser contada aos jovens e pelos jovens, com alguma esperança de engajar sua simpatia. E deve começar com o entendimento de muitas coisas que foram subsumidas sob o conceito de globalização.

Em certo sentido, a civilização ocidental e seus centros europeus são "globalizados" ao menos desde a Reforma, quando aventureiros

---

1. Uma pesquisa do ICM de 29 de maio de 2017 descobriu que o Partido Trabalhista tinha o apoio de 61% dos possíveis eleitores no grupo etário entre 18 e 24 anos, ao passo que o Partido Conservador contava com apenas 12%. Além disso, em contraste com a eleição geral de 2015, os jovens fizeram grande esforço para votar, particularmente os que recebiam educação em tempo integral. Os dados da Comissão Eleitoral mostram que mais de 2 milhões de pessoas se registraram para votar nas semanas após o anúncio da eleição antecipada.

O IMPACTO DA GLOBALIZAÇÃO

flibusteiros percorriam o mundo em busca de comércio e tesouros, levando lei, força e império atrás de si. Livre comércio, exportação da ordem legal, colonização e transporte de forças de trabalho, fosse como escravos ou "convidados": todas essas vastas iniciativas criaram grupos interdependentes de nações e colônias cujas partes não podem ser entendidas isoladamente hoje. Os historiadores contemporâneos tendem a seguir a direção de Fernand Braudel, Philippe Ariès e da escola dos "Annales", estudando regiões geográficas e geopolíticas, e não os Estados-nação individuais, e aceitando que as grandes crises que modelaram a Europa moderna — a Reforma e suas consequências, as novas formas de pesquisa científica, a industrialização, as revoluções de 1789 e 1848, as duas guerras mundiais, a Revolução Russa e a ascensão das ditaduras totalitaristas — podem ser confinadas às fronteiras nacionais tanto quanto um terremoto.[2] E o que agora queremos dizer com globalização é simplesmente o efeito, através do tempo, de um estimado princípio do direito europeu: o da liberdade de contrato, significando a liberdade de uma pessoa de fazer negócios com outra, independentemente de qualquer distância física, moral e espiritual entre elas, juntamente com a obrigação legal de cumprir o contrato resultante. A industrialização foi um passo nessa direção, permitindo que trabalhadores rurais se mudassem para as cidades e trocassem seu trabalho por um salário. O imperialismo foi outro passo, permitindo que as indústrias terceirizassem muitos de seus insumos e vendessem suas mercadorias para estranhos distantes. A companhia multinacional moderna, como a Benetton, que terceiriza tudo e nada possui além de uma marca, é simplesmente o último movimento na mesma direção: a caminho de uma economia na qual tudo interage em resposta às demandas e a localidade e a ligação não são levadas em conta.

---

2. Note, entretanto, o tributo não terminado de Braudel a seu país nativo, *L'identité de la France*, Paris, 1988–1990, que é tão sincero em seu compromisso com a ideia nacional quanto as *Mémoires de Guerre*, de Charles de Gaulle.

124 BREXIT: ORIGENS E DESAFIOS

A interconexão entre as pessoas aumentou exponencialmente desde o fim da Segunda Guerra Mundial, e novos fatores enfatizam e aceleram o processo. Esses fatores estão mudando rapidamente a aparência e a eficácia das velhas formas de integração social. O Estado-nação, que pareceu abrir um caminho tão claro para o governo democrático no século XIX, pode ter um caráter tão distante para os jovens criados no meio cultural de hoje quanto as leis de sucessão dinástica. Mesmo assim, a questão sobre o que nos colocou nesse lugar não recebe respostas consensuais. Em uma interpretação, a União Europeia é tal resposta, mas, em todas as questões nas quais a soberania nacional correu riscos, a União Europeia escorregou para o reino do *wishful thinking* e os Estados-nação tomaram seu lugar, algo que vimos em todas as conjunturas da crise de migração, na resposta da França aos regulamentos que ameaçavam seus monopólios estaduais e nos problemas causados à Itália e à Grécia pela adoção da moeda comum.

O nascimento das organizações internacionais do pós-guerra — a ONU, a OMC, a OIT, a OMS, a UE, a OCDE, o FMI e todos os outros membros de Acrônima, como foram descritos[3] — levou a uma nova classe de burocratas transnacionais cuja tarefa de controlar as redes globais levou ao interesse de criá-las. O escopo de suas ambições foi amplificado pela perda de controle local. Antes da Segunda Guerra Mundial, fronteiras nacionais eram uma barreira efetiva à imigração e um modo de sujeitar o comércio e o investimento estrangeiros a regras democraticamente escolhidas. Hoje as fronteiras são porosas e, na verdade, vistas pela União Europeia como obstáculos a seu projeto mais elevado, que é sua abolição.

Novos fatores foram acrescentados a esses, com efeitos que só agora começamos a compreender. O primeiro foi a mudança na vida econômica: de linhas de fornecimento e cadeias de produção

---

3. Por Ken Minogue.

O IMPACTO DA GLOBALIZAÇÃO 125

locais para multinacionais, de bens para serviços, de proprietários para administradores, de poupar para emprestar e, com tudo isso, a expansão dos serviços financeiros a uma vasta indústria no ciberespaço, cujas moedas são o possível, o provável e o contrafactual. O segundo foi o crescimento da própria rede de informações. Em 2006, somente uma das seis empresas mais valiosas do índice Fortune 500 era uma empresa de tecnologia de informação; em 2016, somente uma não era. Alguns escritores — notadamente Paul Mason em seu livro *Pós-capitalismo* — veem esses fatores como causadores de uma mudança fundamental, da velha economia capitalista, baseada na competição de mercado, para a economia pós-capitalista, baseada na partilha de coisas gratuitas.[4] Não aceito essa teoria, que está muito próxima da antiga caricatura marxista do capitalismo como forma de controle hierárquico, em vez do que realmente é: subproduto da propriedade privada e dos riscos assumidos no mercado. Mesmo assim, há verdade na visão de que a nova economia baseada em finanças, que lida igualmente com propriedades reais e irreais, ativos presentes e futuros, dívidas e posses, afastou a vida econômica dos lugares reais onde estava anteriormente enraizada. As coisas que são produzidas e consumidas, que nos cercam em casa, que podem ser dadas, apreciadas e fixadas em um lugar são de certo modo mais temporárias e intercambiáveis que as posses de nossos avós, ainda que sejam muito mais abundantes. É como se as próprias coisas tivessem se tornado insubstanciais, mostrando sua verdadeira natureza somente nas telas e somente após o download do lugar nenhum ao qual realmente pertencem.

As coisas no ciberespaço evitam nossas tentativas de protegê-las e parecem estar expostas à súbita e anônima destruição. A crise financeira de 2007–2008 enviou ondas de choque das quais só agora

---

4. Paul Mason, *Postcapitalism: A Guide to Our Future*, Londres, 2015 [*Pós-capitalismo: um guia para o nosso futuro*. São Paulo: Companhia das Letras, 2017].

estamos nos recuperando, mas sem confiança de que a natureza global da economia não foi parte do problema. Pois parecia que nada real havia sido destruído: a catástrofe ocorreu em um reino de dívidas e promessas, compradas e vendidas através de vastas distâncias entre pessoas que jamais colocaram os olhos sobre as coisas reais ou as pessoas reais mencionadas nos títulos. A tempestade cibernética varreu grandes acúmulos de dígitos de um balanço para outro, deixando todo mundo no mesmo lugar onde estava, alguns mais ricos, a maioria mais pobre.

Contudo, mais importante que esses fatores tem sido a revolução da tecnologia de informação. A informação sempre foi uma força econômica, e tentativas de se apoderar dela e impedir que outros a usem são tão antigas quanto a sociedade. A concessão de patentes reais era o estilo Tudor de taxação, e as leis de copyright, após a invenção da prensa móvel, transformaram os textos em propriedade do primeiro a compô-los. Mas a tentativa de se agarrar a sua propriedade intelectual obtém no máximo um sucesso de curto prazo. Palavras, ideias e invenções podem ser usadas várias vezes sem depreciação; podem ser copiadas *ad infinitum* e vazarão de todo recipiente que tente contê-las, a fim de se tornarem parte do capital intelectual da humanidade. Isso é especialmente verdadeiro no caso de invenções que facilitam a comunicação e só se tornam completamente efetivas quando são propriedade pública. Foi o caso da prensa na época de Gutenberg e é o caso da internet hoje, promovido por inventores de softwares que reconhecem o valor da iniciativa de se unirem a repositórios de "fonte aberta".[5] As tentativas de possuir as novas tecnologias são transitórias e pouco rentáveis. Mas as tentativas de usá-las em redes de informação partilhada agora dominam a cultura. O mundo após o Twitter e o Facebook não é o mesmo de antes e, o que quer que se queira dizer com globalização, as mídias sociais devem ser incluídas nela.

---

5. Ver, por exemplo, a entrada da Wikipédia sobre o Linux.

O IMPACTO DA GLOBALIZAÇÃO

Um efeito importante disso é a emergência do que podemos chamar de "psique de rede". Os jovens de hoje não veem o mundo social em termos de hierarquias estabelecidas, restrito por fronteiras e com um domínio definido sobre o qual autoridades exercem controle. Eles pertencem a redes, não a lugares; não acedem a hierarquias, mas a colegas e "amigos" exibidos no infinito *mise en abîme* que seguram nas mãos; e vivem em um mundo de constante informação, que chega a suas telas de toda parte e lugar nenhum, sem exigir nada em resposta além de uma mensagem com o mesmo caráter distante e compatível com a tela. Embora eventos reais ocorram em seu mundo, ficam sabendo deles amplamente por meio da agitação que produzem nas mídias sociais. Não são somente os anunciantes que tiram vantagem disso; terroristas também sabem que seu produto será instantaneamente exibido em milhões de iPhones e, consequentemente, devem torná-lo tão absorvente quanto possível.

A psique de rede não se relaciona facilmente com um lugar; graças à navegação por satélite, pode não saber o que é um lugar real. Pessoas em rede não encontram seu caminho observando e memorizando seus arredores, mas seguindo direções na tela. Podem conhecer o lugar onde estão somente em função das mensagens digitais que chegam do espaço sideral e, consequentemente, de lugar nenhum. Sua localização não é um lugar, mas um conjunto de instruções para ignorá-lo. As mídias sociais também abolem a distância: em sua versão cibernética, amigos e familiares em lugares distantes estão sempre à mão, o que é um conforto para pessoas sem lugar fixo próprio. De fato, a superação da distância reflete uma verdade geral sobre a psique de rede, a saber, o fato de que se relaciona com os outros não por meio do lugar e das coisas que subsistem em um lugar, mas por meio do momento e das coisas que brilham naquele momento, vindas do lugar nenhum que as causa. Redes erodem lugares e apagam as hierarquias que se estabelecem neles. Elas substituem o espaço pelo tempo e o tempo por uma sucessão de

128 BREXIT: ORIGENS E DESAFIOS

instantes lotados nos quais nada realmente acontece, uma vez que tudo só acontece na tela.

O mundo das redes não tem hierarquias de controle. Todos os participantes têm o mesmo direito de enviar e receber mensagens e é praticamente impossível filtrar as coisas — e certamente impossível impor qualquer ordem moral ou espiritual no que é essencialmente ruído. Os jovens vagueiam por redes que estão cheias de luxúria, violência, ódio e desprezo, e só podem evitar essas coisas por escolha própria, e jamais porque outra pessoa escolheu por eles. O predador sexual e o terrorista têm as mesmas chances do professor e do santo, e não há um ponto fora da rede do qual uma autoridade mais elevada possa ter vantagem. A web é um lugar nenhum não policiado, um tipo de estado hobbesiano da natureza no ciberespaço. Mas, por essa exata razão, não pode competir com o confiável algum lugar pelo qual as pessoas anseiam. É uma libertação do lugar, mas não seu substituto. É claro que você é livre para ir embora a qualquer momento, mas a web é constituída de laços construídos por vícios, e suas vítimas são pegas como moscas na teia de uma aranha.

Além dessa mudança na psique humana, houve uma mudança correspondente no regime sob o qual os negócios são conduzidos. As redes conectam pessoas ao desconectá-las do lugar. E conferem vantagens aos negócios localizados em lugar nenhum. Sem dúvida o Facebook tem uma sede, mas não é nessa sede que está localizado. Nem está localizado nas telas de seus muitos usuários; ele reside na rede. Como o cérebro, é constituído de bilhões de interruptores que podem estar ligados de bilhões de maneiras e jamais estão ligados do mesmo modo de um momento para outro. É um corretor entre mundos possíveis e não reside em nenhum deles. Um negócio assim não pode ser facilmente localizado, e a questão de onde está, para fins de taxação, responsabilidade legal e obediência a leis e políticas soberanas, pode ser respondida, mas somente por convenção e sem invocar qualquer lealdade básica da empresa. A chegada do Bitcoin

O IMPACTO DA GLOBALIZAÇÃO

e da blockchain pode facilitar essa escapada em massa das garras dos soberanos ao transformar a própria moeda em uma rede de usuários livremente associados, fora do controle de qualquer Estado.

Mais e mais negócios são construídos nesse modelo, oferecendo bens e serviços através de redes que ignoram as fronteiras nacionais, tocando o solo aqui e ali, como a Amazon e a Ikea, mas apenas temporariamente e onde o regime tributário é favorável. É claro, negócios transnacionais sempre existiram, e expedição e seguro não podem ser facilmente confinados a um único lugar. Mas as vantagens oferecidas pela internet e a facilidade de escapar de qualquer jurisdição soberana que insista na responsabilidade local deram origem a um novo tipo de negócio, que não deve obediência a nenhum Estado-nação. A existência de tais negócios e as redes que exploram têm dado às organizações internacionais uma oportunidade de controlar e regular que elas não deixam de aproveitar. Quem mais, afinal, pode de fato controlar esses monstros amorfos? Foi assim que os novos tipos de negócios criaram uma hipótese favorável ao governo por burocracias globais, que podem impor um sistema uniforme de regulamentação a todos os participantes do mercado. Assim como se unem a redes sem hierarquias de controle, as pessoas também abrem mão da tentativa de controlar negócios que não têm outra sede além das redes.

O anonimato da economia global caminha lado a lado com certa qualidade espectral: uma sensação de que os agentes por trás de cada transação não são criaturas de carne e osso que vivem em comunidades, mas corporações descarnadas que não assumem nenhuma responsabilidade real por produzirem o que vendem, mas meramente acrescentam sua marca, cobrando aluguel tanto do produtor quanto do consumidor. É difícil articular essa queixa, embora ela tenha sido feita, com vários graus de sarcasmo, por um século de escritores, de Thorstein Veblen a Naomi Klein, avançando o argumento passo a passo a fim de acomodar o último movimento na direção do anonimato. Essa economia não é deslocada [*dislocated*], como imaginavam os socialistas do século XIX, mas deslocalizada [*unlocated*]. No entanto, é exatamente por isso que nos incomoda. A atividade econômica se desligou da construção de comunidades. Não conhecemos as pessoas que produzem nossas mercadorias; não sabemos em que condições trabalham, no que acreditam ou o que esperam. Não conhecemos as pessoas que distribuem essas mercadorias entre nós, com exceção, talvez, dos CEOs famosos: pessoas que parecem escapar miraculosamente de qualquer responsabilidade por seus produtos, os quais, de qualquer modo, não são seus produtos, mas mercadorias se movendo pelo mundo por propulsão própria e nas quais eles conseguiram carimbar uma marca. Lojas e produtores locais são sucessivamente comprados ou tirados do negócio por cadeias anônimas. E, quando a comunidade tenta se defender do intruso gigantesco, descobre que todas as cartas estão contra ela e que outro agente anônimo, o abstrato "consumidor", já declarou sua preferência por um shopping center na sua rua.

Há outra queixa que as pessoas fazem ou sentem em seus corações, mesmo que não possuam conhecimento para verbalizá-la: o fato de que a corporação anônima, que investe todo seu capital em uma marca, evita a responsabilidade pelos custos de longo prazo de seu produto. Para dizer de modo mais exato, a corporação anônima pode efetivamente *externalizar* seus custos. O custo de produzir soja no Brasil — em termos de danos ambientais, devastação da paisagem rural, poluição estética e biológica — não é testemunhado pelos consumidores nos Estados Unidos nem controlado pela legislação americana (que responde à pressão dos consumidores). É um custo que pode ser deixado no Brasil e para as futuras gerações, que terão de arcar com ele. Esse é um exemplo simples de uma prática que, na verdade, é universal. O custo real de produzir o alimento embalado na prateleira do supermercado inclui o enorme custo de longo prazo da embalagem não biodegradável, que pode constituir

O IMPACTO DA GLOBALIZAÇÃO

até 25% do peso da sacola de compras. Esse custo não recai sobre o supermercado nem seus fornecedores. Recai sobre todos nós e nossos descendentes pelos próximos mil e tantos anos. Você não precisa se afastar muito das cidades para saber o que esse custo particular significa, e pode ler sobre ele em qualquer estudo sobre como o plástico está poluindo os oceanos. Mas é um custo que foi externalizado. Os fatores pessoais que poderiam encorajar o comerciante local a se comportar de maneira correta nessa questão estão ausentes. Não há recompensa para o bom comportamento, e os custos do mau comportamento podem ser efetivamente passados adiante. Certamente já não é possível duvidar que esta seja uma característica patente e intrínseca da economia global de mercado: o fato de que apresenta oportunidades indefinidas e cada vez maiores de privatizar os lucros e socializar os custos.

Um resultado similar da globalização é a movimentação acelerada do capital pelo mundo, conforme as empresas buscam proteger seus ativos contra jurisdições que poderiam ter alguma reivindicação sobre eles. Muitos desses ativos estão investidos no mercado imobiliário, onde quer que o mercado imobiliário esteja garantido e protegido por comunidades que obedecem à lei e governos que a mantêm. Nosso país é um desses paraísos e fornece, aos oligarcas russos, chineses, sauditas e malásios que querem um pedaço dele, o tipo de segurança que sua própria maneira de fazer negócios e suas próprias jurisdições jamais poderiam fornecer: a segurança de uma comunidade estabelecida e autopoliciada, confortável com o país ao qual pertence. Com exceção disso, cada vez mais o país pertence a estrangeiros. Não podemos culpar a União Europeia por isso, mas sim a atitude relaxada em relação à posse de terras encorajada pela globalização. A terra se tornou uma commodity, outra forma pela qual o dinheiro é brevemente cristalizado em seu caminho de uma conta bancária para outra. Na verdade, parece que já não existe pra-

132 BREXIT: ORIGENS E DESAFIOS

ticamente nenhuma restrição à posse estrangeira de nossos ativos, incluindo terras e infraestrutura.[6]

O livre comércio, como tradicionalmente concebido, significa a liberdade de comprar e vender quaisquer mercadorias e (com qualificações) serviços, livre de tarifas. A liberdade de movimentar capital e pessoas é de outro tipo, que permite tanto a posse de terras quanto seu repovoamento pelos recém-chegados. Supor que a liberdade de movimentar capital e pessoas é parte do livre comércio tanto quanto a liberdade de comercializar bens e serviços é ameaçar a própria ideia de comércio. Uma empresa que chega a um país trazendo sua própria força de trabalho, que compra a terra onde conduz seus negócios, mas exporta os lucros, e que então revende a terra a fim de se mover para outro lugar, meramente usou a infraestrutura do país para seus próprios propósitos, mas não se engajou em comércio com ele. Ela alugou seu local de residência, mas não deu nada em troca. É por isso que, até recentemente, todas as nações viam a mobilidade de capital e pessoas como ameaça à soberania nacional e à segurança das forças locais de trabalho. Desde 1980, o mundo foi empurrado em outra direção, na qual pessoas e mercados (com exceção de algumas poucas multinacionais) estão longe de se sentirem felizes.

Nada possui valor para o mercado global se não puder ser trocado — nem terras nem pessoas são sacrossantas e o "bem imóvel" [*real estate*] só entra no mercado se também puder fazer parte do "bem irreal" [*unreal estate*] dançando no ciberespaço. Meio século atrás, era praticamente impossível para o cidadão de um país possuir terras em outro. Agora corretores multinacionais movem seus ativos de um lugar para outro, frequentemente comprando toda uma seção de uma cidade e permitindo que entre em colapso, na esperança de construir alguma torre sem rosto sobre as ruínas. O investimento

---

6. Ver Alex Brummer, *Britain for Sale: British Companies in Foreign Hands. The Hidden Treat to our Economy*, Londres, 2013.

O IMPACTO DA GLOBALIZAÇÃO

de capital estrangeiro em imóveis de primeira linha, combinado ao influxo contínuo de imigrantes, teve um efeito sem precedentes sobre a disponibilidade de moradias e, consequentemente, sobre o preço das propriedades em nosso país, dando aos britânicos a vívida impressão de que já não vivem em um lugar que lhes pertence, embora eles mesmos não pertençam a nenhum outro lugar.

De modo geral, a expansão dos negócios globais parece estar liberando a vida econômica das restrições morais e sociais que estão na raiz das comunidades localizadas. Para os jovens em rede, isso pode não parecer um problema, uma vez que, de qualquer modo, tudo é levado até eles de lugar nenhum. Se sentem o desejo de influenciar ou controlar o que acontece, é através de petições na web, não através dos lentos e pacientes procedimentos da antiquada política. Eles estão tão conectados que qualquer questão concebível pode ser votada diretamente e decidida através de alguns milhões de cliques pelo iPhone.

Contudo, essa cultura de plebiscito não acompanha nenhuma tentativa real de criar e manter instituições duráveis, que assumirão a responsabilidade pelas escolhas das pessoas e responderão por essas escolhas como "nossas". A verdadeira soberania política de um povo não deve ser concebida no modelo da "soberania do consumidor" em um mercado: ela não é uma maneira de agregar um número indefinido de escolhas, mas uma maneira de *fazer* escolhas, uma por uma.[7] Em nossa tradição, consiste na indicação de representantes que tratarão das questões reais que nos concernem e nos quais confiamos para resolver. É construída sobre a confiança

---

7. A distinção aqui vai ao cerne da teoria política. Os mercados agregam escolhas pela "mão invisível"; comitês e parlamentos agregam escolhas por decisão explícita. Os economistas que se referem ao primeiro desses mecanismos como "soberania dos consumidores" estão usando o termo "soberania" em um sentido diferente daqueles que chamam o governo representativo de "soberania popular". Ver Duncan Black, *The Theory of Committees and Elections*, Londres, 1958.

134 BREXIT: ORIGENS E DESAFIOS

e tem a manutenção da confiança como objetivo último. Esse tipo de soberania é parte de um "nós" genuíno, uma primeira pessoa do plural de compromisso mútuo. E uma pergunta real que devemos fazer é se os jovens veem lugar para ela em um mundo totalmente constituído por redes. É claro, eles também podem usar as redes para influenciar eleições parlamentares, e isso foi indubitavelmente o que aconteceu na recente eleição geral britânica, na qual Jeremy Corbyn foi capaz de capturar os votos da juventude e conseguir o totalmente imprevisível resultado de um Parlamento sem maioria. Como na seleção original de Corbyn como líder parlamentar do Partido Trabalhista, o principal fator por trás de sua campanha bem-sucedida foi a internet e a habilidade de seus jovens apoiadores de se combinarem fora dos comitês e reuniões da velha máquina partidária. Nesse sentido, a surpreendente ascensão de Corbyn, de outsider rebelde para líder triunfante, é um sinal da emergente cultura de plebiscito tanto quanto a imprevista eleição de Donald Trump. Mas também é um sinal de que a democracia representativa, com seus comitês e compromissos, está dando lugar aos apelos diretos das pessoas. Na verdade, não há sinal mais claro disso que a própria votação do Brexit.[8]

Pessoas em rede podem ver com indiferença o fato de não viverem em um lugar particular ou em um lugar que pertence a alguns anônimos lá no fim do mundo. Elas podem renunciar alegremente ao controle democrático sobre os negócios dos quais dependem; podem preferir a ficção de democracia através do plebiscito online e permanecer indiferentes ao trabalho do governo representativo. Mas, em algum momento, serão atingidas pela irrealidade de sua situação. Temos muitos amigos no Facebook; tuitamos em todos os nossos momentos livres; gozamos de um suprimento ilimitado de

---

8. Ver Douglas Carswell, *The End of Politics, and the Birth of iDemocracy*, Londres, 2016.

O IMPACTO DA GLOBALIZAÇÃO

informações não filtradas sobre tudo que possa despertar nosso interesse passageiro; podemos iniciar e assinar petições endereçadas às pessoas "lá de cima", que controlam a máquina global. Mas há alguém em quem possamos confiar? Onde, nisso tudo, está o amigo *real*, onde estão o lar e a proteção? Onde está nossa comunidade de pertencimento e onde está o processo político comprometido em protegê-la?

Essas questões têm tanta força na psique de rede quanto nas emoções das pessoas mais enraizadas. Isso é sugerido pela nostalgia que cresce no ciberespaço. A pergunta "Onde é minha casa?"[9] habita a rede. Por toda parte, encontramos tentativas de formar comunidades, que se formam e se fragmentam em rápida sucessão, adquirindo estabilidade aqui e ali, mas sempre se desfazendo até o momento — que pode ou não chegar — em que se tornam um lugar real. A pergunta tem sido plantada nos corações dos muçulmanos ocidentais descontentes por mensagens que chegam até eles do espaço sideral, convidando-os à "irmandade" em nome de Alá. E, após todas as respostas fragmentárias, finalmente encontra resposta definitiva em algum lugar da Terra onde os irmãos podem se unir em um gesto de sacrifício. Comunidades online são cada vez mais como lugares, nas quais alguns dos consolos das vizinhanças e da confiança mútua são forjados em desafio à tendência "desterradora" das próprias mídias sociais. As reações a ataques terroristas também assumem cada vez mais a forma de reafirmações de assentamento. Os protestos contra os recentes assassinatos em Westminster e Manchester — incluindo os de britânicos muçulmanos — foram quase todos fraseados dessa perspectiva, como uma reação à ameaça ao "nós" e ao lugar que partilhamos, com cartazes por toda parte portando o slogan "Eu amo Manchester". Como notado no capítulo 4, as pesquisas confirmam que, para pessoas de ambos os lados da

---

9. *Kde domov můj?* — a primeira linha do hino nacional tcheco.

136 BREXIT: ORIGENS E DESAFIOS

votação do Brexit, lugar, emprego e família são as três coisas que mais importam em qualquer questão de identidade.[10]

A psique de rede, consequentemente, tem um lado anverso, que é o desejo de pertencer. Deixando de lado a busca pelo comércio e a excitação, olhando por baixo de todas as nuvens de revanchismo e despeito, elas mesmas sinais de um desejo frustrado de filiação, podemos ver que as buscas na internet também são tentativas de comunidade. Ainda não estamos acostumados com a web e tudo que ela oferece em termos de aventuras virtuais e contatos experimentais. Mas os jovens, assim como os mais velhos, precisam de ligações e partilham do desejo humano básico de se estabelecer ao lado daqueles em quem confiam. Oferecer a eles a ideia não reconstruída de Estado-nação é não fazer justiça à sua condição, e a maioria recusará o presente. A psique de rede goza de uma "visão de lugar nenhum". Sua visão de pertencimento também vem de lugar nenhum, e aqueles que a partilham só voltarão para solo firme quando encontrarem o lugar, os costumes e a vizinhança que os inspirem a pertencer. A confiança não ocorre facilmente em uma rede, embora a falsa confiança possa ser tuitada em um piscar de olhos de uma ponta à outra. Consequentemente, a virtude real, que não se declara, mas simplesmente faz o que é exigido pelo dever, cede lugar ao "sinal virtuoso", através do qual a pessoa em rede ganha status moral sem pagar pelo custo de adquiri-lo.

Acredito que tudo isso é secretamente compreendido pela psique de rede, e uma política sábia seria retrabalhar a ideia de país e nossa ligação a ele, a fim de capturar o que falta nos fetiches globais: confiança, ligação e segurança. E aqui alguma inspiração pode ser obtida no aspecto do marxismo ao qual acabei de aludir. Marx não criticou o capitalismo meramente como sistema econômico, con-

---

10. Informação retirada de uma pesquisa da BMG para a Comissão para a Renovação Nacional.

O IMPACTO DA GLOBALIZAÇÃO

denado, segundo ele, a entrar em uma crise terminal. Em minha opinião, toda essa parte de sua crítica é errônea. Ele também criticou o capitalismo como fonte de ilusões, em particular de mistificações que nos levam a dotar as mercadorias de vida própria e voltar nossos interesses não para a vida humana real, mas para os fetiches que a substituem. E uma observação que pode ser feita sobre as redes da web e as mídias sociais que as exploram é esta: tudo que oferecem é um objeto de desejo em certa medida irreal, um fetiche que exerce uma espécie de encantamento sobre aquele de quem sua vida é emprestada. Isso é evidente nas grandes pragas que a internet trouxe para nosso meio: a pornografia, a cultura de exibição sexual e cenas de tortura, morte, decapitação e outras que rivalizam com os piores jogos romanos. Nessas práticas, o ser humano é despersonalizado, mercantilizado e removido da esfera das relações pessoais para se tornar uma coisa. Mas essa coisa não é a coisa *real*, somente uma imagem no ciberespaço, infinitamente distante de qualquer relacionamento com o observador, que desfruta das mercadorias que as imagens substituem, mas não se engaja com elas na realidade.

Assim, a tela e suas redes podem ser vistas como meramente o último ponto de um processo de alienação pelo qual as pessoas aprendem a "colocar sua vida fora de si mesma", transformar sua vida em brinquedos sobre os quais retêm completo, embora de certo modo profundamente ilusório, controle. (Elas controlam fisicamente o que as controla psicologicamente.) E por isso é tão tentador olhar de volta para as velhas teorias hegelianas e marxistas. Pois sua premissa é que nos tornamos livres somente pelo ato de nos "movermos para fora" (*Entäusserung*), materializando nossa liberdade em atividades partilhadas e relações mutuamente responsáveis. Os idealistas alemães distinguiam um modo verdadeiro e um falso de se "mover para fora": um no qual ganhamos nossa liberdade, ao lhe dar uma forma real e objetiva nas relações pessoais e nas comunidades de justiça, e um (*Entfremdung*) no qual a perdemos, ao investi-la em objetos que

138 BREXIT: ORIGENS E DESAFIOS

nos separam de nossa vida interior. Suas teorias mostram como a coisa que mais devemos valorizar na vida humana — a autorrealização em uma condição de comunidade — é separada por uma fina linha divisória da coisa que nos destrói — a autoalienação em uma condição de escravidão.

O risco a que as redes nos submetem pode ser parcialmente diminuído ao encorajarmos as pessoas a assumirem responsabilidade por sua vida e se juntarem aos "pequenos pelotões" de vizinhança. Mas o remédio integral deve ser espiritual: um renascimento da relação "eu para você" que jaz no coração de qualquer ordem social verdadeira e durável. Isso é sentido por muitos que sucumbem à tentação da rede, em particular os jovens nas garras das mídias sociais. A voz que os chama de lugar nenhum é a voz do vício e, portanto, da solidão, pois todos os vícios isolam a vítima em uma condição de necessidade autocentrada. Há, ou parece haver, a necessidade de oferecer aos jovens uma forma *real* de pertencimento, que não fuja para o espaço sideral, mas permaneça enraizada em um lugar e ligada àqueles que transformaram esse lugar em seu. Esse desejo não foi morto pela globalização; ao contrário, é parte do que *é* a globalização. Aqueles que perderam o lar sempre desejarão um, e somente aqueles que viveram nos frios confins de lugar nenhum sabem o que um lugar realmente significa.

É encorajador que a globalização seja vista por muitos jovens mais como coisa a ser controlada e mitigada que como coisa a ser adotada como objetivo. Eles testemunham a destruição de seu ambiente pelos agronegócios, a espoliação de suas cidades e linhas do horizonte por uma arquitetura desumana, o afeamento de suas ruas por anúncios e logotipos e a fuga para o anonimato das corporações responsáveis por tudo isso. As corporações globais florescem no ciberespaço ao mesmo tempo que devastam os lugares e as comunidades que fornecem suas mercadorias, e os jovens são os primeiros a se levantar contra isso. A psique de rede, em sua

O IMPACTO DA GLOBALIZAÇÃO

fome por um lar, reage zangadamente a esses poderes espectrais que destroem o lar dos outros.

Além disso, foram especialmente os jovens que ficaram chocados com a volatilidade da economia globalizada e a habilidade de seus ocupantes de fugirem de qualquer responsabilidade pelo mau uso dos fundos alheios. A crise financeira de 2007–2008 foi parcialmente causada por empréstimos de alto risco e alto rendimento negociados em mercados financeiros de todo o mundo. Governos nacionais enfrentaram o colapso de indústrias-chave consideradas "grandes demais para quebrar" e de bancos cujas responsabilidades estavam espalhadas pelo mundo e sujeitas a forças sobre as quais os próprios governos não tinham controle. Resgates para evitar o pânico e nacionalizações forçadas levaram a uma transferência de dinheiro de contribuintes inocentes para CEOs culpados, que continuaram a coletar seus bônus e a se sentar no topo de seus impérios compostos de ficções. Não digo que havia outro remédio disponível. Mas, na época, a globalização mostrou seu outro lado, como doença social e política: a remoção dos ativos financeiros do mundo das únicas coisas que podem tornar as pessoas realmente responsáveis por seu uso, a saber, o lugar onde podem ser localizadas e a lei da terra onde estão.

Entre os jovens, também há a crescente percepção de que globalização significa americanização, a qual, por sua vez, significa entrega do legado europeu a forças de mercado desenfreadas, sem consideração pelo povo europeu e com pouco respeito por seus tesouros.[11] Aqueles que dizem, como Tony Blair em seu discurso durante a conferência do Partido Trabalhista em 2005, que a globalização é inevitável e resistir a ela é ficar contra a maré da história esquecem que ela é simplesmente a fase mais recente de um processo contínuo

---

11. Sobre o inerente confronto entre americanização e cultura europeia, ver o evocativo estudo de George Steiner, *The Idea of Europe*, Londres, 2004.

140 BREXIT: ORIGENS E DESAFIOS

que devemos gerenciar e que, no passado, tentamos gerenciar para benefício coletivo. Quando, no início do século XIX, a industrialização começou a acelerar, a resposta não foi simplesmente aquiescer a tudo, tanto destruição quanto criação. Ao contrário, as pessoas se associaram contra a destruição, fazendo campanha por leis que restringissem o emprego de crianças e governassem as horas de trabalho, que protegessem a área rural e os edifícios históricos das cidades e assim por diante. E essas campanhas foram baseadas em sentimentos *nacionais*, no desejo de proteger as comunidades e seus assentamentos das forças globais de mercados. É exatamente isso que está implicado no nome National Trust.

Também devemos reconhecer que a extensão da globalização econômica tem sido exagerada. Menos de 25% da atividade econômica global é internacional, e o investimento estrangeiro direto responde por menos de 10% de toda a renda fixa mundial. Depois da crise financeira, a conexão global ainda não retornou aos níveis anteriores a 2007.[12] E alguns argumentam que, com a disseminação da automatização, a economia se tornará menos, e não mais, global.[13] Qualquer que seja a verdade, parece-me que temos sido massivamente mal informados pela propaganda de políticos e lobistas, que desejam que aceitemos como inevitável algo que não o é de modo algum, mas meramente um input para o compromisso que fará justiça a nossos muitos interesses. A globalização resulta do relaxamento de controles que existem há séculos e teriam continuado a existir se os políticos não tivessem se unido à excitação factícia. Dizer que devemos simplesmente aceitá-la, dizer, como Tony Blair, que "o caráter desse mundo em mutação é indiferente à tradição", é trair a profissão de político. Seria como se Disraeli, Shaftesbury e Lord

---

12. Ver, em geral, David Goodhart, *The Road to Somewhere: The Populist Revolt and the Future of Politics*, Londres, 2017, capítulo 4.
13. Ver, por exemplo, Finbarr Livesey, *From Global to Local*, 2017.

O IMPACTO DA GLOBALIZAÇÃO 141

John Manners tivessem juntado forças com os donos das fábricas, a fim de pressionar por ainda mais horas de trabalho de crianças ainda mais jovens, sob o argumento de que qualquer resistência às forças de mercado era inútil.

Não há símbolo mais vívido da globalização que a arquitetura de vidro e aço que se imiscuiu nas ruas e linhas do horizonte de nossas cidades, e é precisamente por esse aspecto do fenômeno que devemos ser guiados em nossa resistência a ele. Quando Le Corbusier começou sua campanha em nome do "estilo internacional", foi com o plano de destruir toda Paris ao norte do Sena e substituí-la por uma rede de torres de concreto. O plano era inevitável, disse ele às autoridades, pois falava de necessidades e devia ser adotado. As autoridades não ficaram convencidas e Le Corbusier foi embora furioso, pensando em um novo plano para destruir Argel em seu lugar.[14] Vemos na cidade de Paris, constantemente renovada, e mesmo assim sempre a mesma, um centro de resistência ao projeto global. Paris é o exemplo perfeito de "algum lugar", um lar para seus residentes e uma lição para as multinacionais de que também deveriam trabalhar em casa. Ao contrário de Londres, com sua dispersão aleatória de exaltados acessórios de cozinha e sua linha do horizonte que parece uma boca cheia de dentes quebrados, Paris representa uma precipitação de capital social em forma arquitetônica. Esse capital social, infinitamente mais valioso que o capital cibernético dos predadores globais, durará enquanto seus cidadãos continuarem a defendê-lo.

Vale notar que a maioria da propaganda em favor da globalização reflete uma visão estreita do valor econômico. O capital social que acabei de mencionar é cristalizado na beleza, na harmonia e na dignidade de Paris. Essas qualidades levam as pessoas a viverem e trabalharem na cidade, visitá-la e passarem tempo nela, existirem em

---

14. Ver John R. Silber, *Architecture of the Absurd: How "Genius" Disfigured a Practical Art*, Londres, 2007.

142   BREXIT: ORIGENS E DESAFIOS

sua periferia de um modo acentuado e criativo de ser. Você poderia derrubar partes de Paris e construir torres sem rosto, levar investimento corporativo e emprego, e o valor disso sem dúvida seria alto em termos monetários. Além disso, a perda não seria vista como tendo importância financeira, sendo "meramente estética", como a perda, nos últimos anos, da cidade de Londres. Mas isso é somente porque perdas dessa natureza *não possuem* importância financeira. Seu valor econômico infunde-se em toda a vida da cidade e dura para sempre, não sendo dependente de nenhum negócio e nenhuma rede comercial particular.

O real valor econômico de resistir às finanças globais nesse caso é incalculavelmente maior que o valor de ceder a elas. E, mais uma vez, o caso é exatamente paralelo à resistência da Grã-Bretanha vitoriana. É claro que houve um grande sacrifício financeiro envolvido na limitação das horas de trabalho nas fábricas a dez por dia, no fornecimento de educação e cuidados médicos às crianças envolvidas e no respeito aos feriados e às reuniões familiares. Aqueles que fizeram campanha por essas coisas eram inimigos do mercado. Mas eram amigos do valor econômico, pois trabalhavam para preservar e aumentar o capital social contido na família, na recreação, no aprendizado e na vizinhança. Seu sucesso ajudou a criar a classe operária estabelecida e patriótica descrita por Orwell. E, como ele argumentou com razão, a estabilidade e a prosperidade de longo prazo do reino dependeram precisamente desse ativo inestimável.

Se quisermos mitigar os efeitos da globalização em sua última fase — a fase na qual as pessoas e seus assentamentos são tratados como objetos intercambiáveis —, a resistência humana e patriótica do século XIX deve ser retomada. Os jovens ainda podem reconhecer isso e aceitar que a resposta para a globalização não é nem o vale-tudo americano nem o plano socialista de cima para baixo, mas um novo conjunto de restrições laterais, como as leis de planejamento que salvaram a cidade de Paris. Tais restrições laterais são

O IMPACTO DA GLOBALIZAÇÃO   143

inerentemente locais em caráter, exercícios de soberania em face de tentativas externas de derrubar barreiras. A solução não é adotar a globalização sem reservas, mas estabelecer *limites* a ela e fortificar os muros que mantêm esses limites no lugar.

Parte do apelo da União Europeia é seu projeto de criar um conjunto de regulações que pode ser interpretado dessa maneira, como capaz de conter o processo global e, quando possível, devolver os custos do mau comportamento àqueles que incorreram nele. Mas essa observação aponta para o problema real enterrado nas dobras da globalização: a tendência de buscar maneiras globais, e não locais, de enfrentá-la. Para muitos jovens, especialmente na Grã-Bretanha e na Alemanha, a globalização é outro nome para "neoliberalismo", ele mesmo a última encarnação do capitalismo internacional. E eles supõem que, para resistir ao capitalismo, precisamos de um sistema global de controle, a fim de regular as redes que apresentam a principal ameaça para aqueles que não têm voz no presente esquema de coisas. Os votos dos jovens para Jeremy Corbyn foram votos contra o capitalismo. Enfaticamente não foram votos pela nação como verdadeiro contraforte às redes globais. Do mesmo modo, os votos dos jovens para permanecerem na União Europeia foram votos para controlar os capitalistas, os financistas e aqueles que supostamente causaram a crise econômica de 2007–2008. Foram votos por uma resposta global a um problema global, e não por um centro rival de lealdade. Sua premissa foi a suposição de que os negócios devem ser submetidos a restrições para operar através das fronteiras tradicionais.

As coisas são um pouco diferentes na França, onde a reação dos jovens contra a *mondialisation* tem sido ainda mais radical que na Grã-Bretanha. Os à esquerda acreditam, como seus contemporâneos britânicos, que estamos vendo o capitalismo em sua última forma, parte do demônio neoliberal nascido nos Estados Unidos. Aqueles à direita, todavia, veem a globalização como ataque à França e seu

144 BREXIT: ORIGENS E DESAFIOS

legado cultural, e é significativo que um grande número de jovens na França tenha apoiado Marine Le Pen no primeiro turno das eleições presidenciais de 2017 porque ela defendia a França de sua diluição pelo mercado global. Enquanto a esquerda francesa permanece ligada aos placebos marxistas e, consequentemente, à internacionalização em outra versão, a direita vê claramente que a globalização é, primeiro e acima de tudo, uma ameaça à identidade nacional. O combate, para a direita, não é do proletariado contra a burguesia, mas da França contra a cultura de lugar nenhum.

A atitude francesa em relação à globalização também tem sido ambivalente e passou por uma reformulação radical nos últimos dois anos. Os intelectuais da geração anterior cresceram com uma literatura esquerdista — de Guy Debord a Jean Baudrillard — que parecia receber com sarcasmo a mercantilização do mundo.[15] A irônica celebração do capitalismo feita pelo *Manifesto comunista*, como agente por meio do qual "tudo que é sólido se desmancha no ar", tornou-se uma ambígua saudação de boas-vindas estendida por Debord à sociedade do "espetáculo" e por Baudrillard à cultura do "simulacro". Jean Serroy e Gilles Lipovetsky foram mais longe, oferecendo uma sarcástica celebração da "estetização do mundo". O principal objeto de manufatura na sociedade de consumo de hoje, dizem eles, não são objetos de uso, mas aparências, representações, imagens que prendem nossa atenção por tempo suficiente para levar nosso dinheiro, antes de serem substituídas pela ilusão seguinte. A economia global, argumentam, lida amplamente com representações, conforme produtos são absorvidos em suas marcas e imagens mundiais tornam insignificante o comércio de meras coisas.

Tais comentários irônicos nada fazem para apresentar uma alternativa à globalização ou fortalecer os jovens contra seus piores

---

15. Ver Guy Debord, *La societé du spectacle*, Paris, 1967; Jean Baudrillard, *Simulacres et stimulation*, Paris, 1981; G. Lipovetsky e J. Serroy, *L'esthétisation du monde*, Paris, 2006.

O IMPACTO DA GLOBALIZAÇÃO 145

efeitos. Os corações dos jovens se voltam cada vez mais em outra direção, e muitos começam a procurar por figuras culturais e políticas que possam ajudá-los a defender uma posição.[16] A França moderna tem uma tradição de protestos extraparlamentares e, de fato, começou com um. E esses protestos são invariavelmente liderados por jovens. A coisa interessante é que, em tempos recentes, eles têm se manifestado em nome de valores nacionais contra a ortodoxia cosmopolita. O *manif pour tous*, com 1 milhão de pessoas se manifestando a favor da família tradicional e contra o casamento homossexual, foi organizado e liderado por jovens. São os jovens que formam o núcleo do *mouvement identitaire* e são eles os mais inspirados pelas pequenas assembleias itinerantes de *veilleurs*, que se reúnem em lugares públicos para ler a literatura de seu país e meditar sobre seu legado espiritual. Os efeitos políticos disso são significativos, como vimos na recente eleição presidencial, na qual os jovens — votando no marxista radical Jean-Luc Mélenchon ou na nacionalista Marine Le Pen — demonstraram sua rejeição à visão globalizante de seu país promovida pelo antigo establishment político.

Como indicado no capítulo 1, as identidades são a impressão deixada pela filiação social. Alguns grupos não oferecem mais que atividades conjuntas, como clubes de críquete. Outros criam lealdades do tipo existencial, até mesmo a disposição de morrer pelo grupo, como muitos cultos e religiões. Alguns grupos também tomam decisões em nome de seus membros. Isso é verdade para clubes e times, embora não uma regra para as religiões; também é proeminentemente verdadeiro para as nações, que não meramente decidem por seus cidadãos, mas também os coagem à obediência. O Estado, que é a nação em seu aspecto político, toma decisões em nome de seus cidadãos e responde a eles por isso. Os cidadãos, que compõem a nação em seu aspecto

---

16. Ver o novo jornal *Limite*, por exemplo, que defende uma ecologia integral na qual o assentamento humano é defendido paralelamente ao ambiente natural.

social, são obrigados a obedecer ao Estado, independentemente de sua opinião quanto à correção de suas ordens.

As grandes transformações que abordei neste capítulo tiveram o efeito de enfraquecer as identidades nacionais, mas sem produzir qualquer centro rival de comando. E foi esse fator, acima de todos os outros, que mais contribuiu para a volatilidade dos eleitorados ocidentais. As pessoas são recrutadas para decisões que não correspondem a suas outras formas de filiação. Algumas reagem a isso com protestos vociferantes, gritando "não em meu nome", como nas respostas à eleição de Donald Trump e à votação pelo Brexit. Outras reagem com passivo ressentimento, que fervilha em silêncio até o momento de se expressar, como testemunhamos novamente, embora do outro lado, na votação pelo Brexit.

Esse enfraquecimento das identidades nacionais, observado em todo o mundo ocidental, abre caminho para "identidades políticas". Em vez de aquiescer a uma cultura pública partilhada e aceitar sem queixas a ideia nacional, as pessoas começam a esposar identidades rivais que desafiam a ordem de coisas existente e colocam essas identidades em destaque. Dois exemplos ilustram o que tenho em mente: a identidade muçulmana assumida por muitos imigrantes britânicos de segunda geração e a identidade "gay" manifestada por muitos defensores dos direitos homossexuais. Como se observou frequentemente, o Islã sunita confere um forte e quase inviolável senso de filiação, mas não define um conjunto de entidades cujos pronunciamentos são feitos em nome dos fiéis. (A alternativa xiita, como desenvolvida pelos aiatolás no Irã, está mais próxima do cristianismo nesse aspecto, embora mesmo os xiitas não tenham uma pessoa jurídica legalmente reconhecida ou, em outras palavras, uma Igreja que tome decisões em seu nome.) O dilema para muitos muçulmanos europeus é que sua identidade preferida não resulta em decisões políticas, ao passo que as decisões políticas tomadas em seu nome presumem uma identidade que não possui significado real para eles.

O IMPACTO DA GLOBALIZAÇÃO 147

Os ativistas gays, em contraste, embora enfatizem sua identidade, não se importam realmente com o fato de não haver nenhuma instituição que tome decisões em seu nome — nenhum parlamento gay, por exemplo. Pois seu objetivo é assegurar um nicho no interior do Estado-nação no qual seus interesses possam ser representados no processo geral de criação de leis. Mas, conforme proliferam as identidades minoritárias desse tipo, as identidades nacionais perdem parte de seu poder. O *manif pour tous* francês foi uma resposta a isso, uma tentativa dos jovens de afirmarem a identidade tradicional e nacional contra uma reivindicação rival por reconhecimento político.

A atual volatilidade do processo democrático reflete esses fatos. E o aumento de identidades negativas — identidades modeladas pelo senso de exclusão — explica o declínio da liberdade de expressão no campus. A demanda para ser incluído se torna a condenação veemente do antigo excluidor, e o desejo de silenciar, censurar e mesmo ameaçar e punir vem de uma busca por identidade que precisa enfatizar publicamente sua posição oposicionista. Assim, no volátil momento que vivemos, devemos esperar a contínua fragmentação das identidades, combinada à crescente censura e mesmo violência contra aqueles que se definem da maneira antiga e nacional.

Ao mesmo tempo, como venho enfatizando, não temos nenhuma identidade inclusiva para além daquela promovida pelo sentimento nacional e pela soberania popular na qual ele está enraizado. O que acontece na França, portanto, pode acontecer em outros lugares. A busca por identidade e a valorização da identidade contra as demandas do comércio global provavelmente se tornarão o fator crítico das eleições nacionais. Na verdade, economistas de mentalidade realista já começaram a incluir a identidade em suas equações, mesmo em equações expressas como "funções de utilidade".[17] E,

---

17. Ver George A. Akerlof e Rachel E. Kranton, *Identity Economics: How Our Identities Shape Our Work, Wages and Well-Being*, Princeton, 2010.

148 BREXIT: ORIGENS E DESAFIOS

embora as identidades compitam e nem todas visem à soberania, a identidade nacional começa a emergir no topo da lista de desejos política. A União Europeia retirou grande parte do processo político da alçada dos políticos eleitos, mas o resultado não foi o aumento da identificação com as instituições europeias. Ao contrário, essas instituições deram uma espécie de abrigo regulatório a partidos separatistas na Catalunha, na Escócia e em Flandres e a partidos regionalistas na Itália. Tais partidos prometem um recuo da globalização e a reafirmação das identidades que jazem logo abaixo da superfície da barganha política. Ninguém sabe o que isso significará no longo prazo. Mas certamente é um sinal de que a globalização, mesmo para a geração em rede, é uma força a ser governada, não um comando a ser obedecido. Tudo que posso concluir dessa breve excursão pela identidade política é que devemos fazer nosso melhor para nos unirmos em uma concepção do que partilhamos, e não daquilo que nos divide. Como fazer isso é o tema do capítulo final.

7.

Lá fora no mundo

Frequentemente se argumenta que a Grã-Bretanha pertence à Europa e ficará desprovida de sua verdadeira identidade se deixar a União. Esse argumento assume precisamente o que é mais questionável: que Europa e União Europeia são a mesma coisa. Ao contrário, a União Europeia — do ponto de vista da história e da cultura europeias — é uma aberração, um afastamento da grande realização da civilização europeia, que foi criar o Estado-nação soberano. Nessa empreitada, a Grã-Bretanha talvez tenha sido a primeira em campo, mas nossos parceiros teriam nos alcançado no século XIX se não fossem as conquistas napoleônicas, a resultante ascensão da Prússia e a inimizade franco-alemã que se seguiu. A adoção de um governo transnacional, baseado em decisões centralizadas impostas por um sistema de cima para baixo de regulamentações, foi entendida como resposta a essa inimizade que, em 1945, chegou naturalmente ao fim. Mas essa metrificação de nosso legado social e político é precisamente o que há de menos europeu no regime do qual estamos nos libertando.

A Europa não é apenas uma região geográfica; aliás, sequer é uma região geográfica. É uma civilização, que cresceu a partir do governo imperial romano e da Igreja católica e assumiu sua distin-

150 BREXIT: ORIGENS E DESAFIOS

tiva forma moderna após o Iluminismo, quando a ideia de cidadão emergiu por trás da ideia de Estado-nação. Como mencionei no capítulo 2, por lei os britânicos não são cidadãos de seu país, mas súditos da rainha. O termo "cidadão", usado pelos revolucionários franceses, era uma crítica deliberada à autoridade monárquica. Mas tenho usado esse termo em um sentido mais amplo, para denotar uma característica da ordem política europeia exemplificada tanto pelas monarquias constitucionais quanto pelas repúblicas que as substituíram em grande medida, a saber, a responsabilidade mútua entre indivíduo e governo.

Cidadãos vivem em duas esferas: a privada e a pública. À primeira esfera pertencem as escolhas e os valores que modelam seus destinos individuais; à segunda, as leis e instituições que permitem a coexistência pacífica de muitos modos de vida privados. A religião pertence à primeira esfera: ela pode ser, e talvez devesse ser, reconhecida no domínio público, mas já não é a fonte da ordem pública, mesmo que nossas instituições públicas portem o selo do legado cristão.

Essa separação de esferas foi estabelecida pelo próprio Cristo, na parábola do tributo ("Dai a César o que é de César e a Deus o que é de Deus"), assumida pela Igreja em seu início, com a doutrina de "duas espadas" do papa Gelásio I, e reconhecida nos longos conflitos entre papa e imperador, Igreja e Estado que terminaram com o triunfo final do governo secular durante o Iluminismo. Essa história é interna à experiência europeia: ela nos diz que os indivíduos são moralmente autônomos e publicamente responsáveis, livres para realizar sua concepção do bem em caráter privado, mas tendo de obedecer em público às leis que visam garantir a liberdade de todos.

Igualmente importante é a moralidade judaico-cristã, resumida no Levítico: "Amarás ao Senhor teu Deus de todo teu coração, de toda tua alma, de todo teu entendimento e com todas as tuas forças,

LÁ FORA NO MUNDO   151

e ao teu próximo como a ti mesmo." Nesses dois mandamentos, acrescentou Cristo, estão toda a lei e os profetas. Traduzidos para o idioma moderno, os dois mandamentos correspondem às duas esferas da vida humana. Na primeira esfera — a esfera do que somos para nós mesmos —, somos consagrados ao bem maior. Na segunda — a esfera do que somos para os outros —, estamos vinculados ao princípio do amor ao próximo.

Durante o Iluminismo, a ideia de amor ao próximo foi reformulada por Kant como imperativo categórico: aja somente de acordo com a máxima que gostaria de ver transformada em lei para todos os seres racionais e trate a humanidade, em si mesmo e nos outros, jamais como meio, mas sempre como fim. Esses princípios são unidos na oração com a qual os europeus são criados desde tempos imemoriais, que pede a Deus para "perdoar nossas ofensas assim como perdoamos a quem nos tem ofendido".

Certamente é plausível sugerir que esses dois mandamentos e o Pai Nosso formam a fundação moral, espiritual e emocional de algo que ocorre naturalmente aos europeus, a saber, o reconhecimento do Outro como diferente de mim. Somos ordenados a amar nossos inimigos, buscar perdão e aceitar o governo dos poderes seculares. Esses preceitos levam por si mesmos à igualdade perante a lei, à tolerância religiosa e à soberania popular. Mas também personificam uma visão distintiva dos seres humanos como indivíduos livres e responsáveis por suas faltas, com o dever de respeitar a liberdade e a alteridade de seus vizinhos. Eles formam a preciosa essência de nosso capital social, e será trágico para a Europa se esse capital for desperdiçado ou reprimido pela máquina reguladora que foi criada para investi-lo.

O legado europeu frequentemente é confundido com o "individualismo liberal", a visão da sociedade humana como composta por indivíduos livres e reunidos por um contrato social, para os quais

152 BREXIT: ORIGENS E DESAFIOS

não há barreiras ou obrigações herdadas e que não reconhecem nenhuma fonte de validade para qualquer arranjo humano além da livre escolha de seus participantes. Essa visão tem uma pureza conveniente e quase matemática. Mas, como Hegel demonstrou, ela ignora o caráter situado da liberdade humana.[1] Não nascemos livres nem chegamos a este mundo com identidade e autonomia próprias. *Adquirimos* essas coisas através do conflito e da cooperação que nos entremeiam ao tecido social. Tornamo-nos indivíduos capazes de livre escolha somente ao adquirir obrigações com pais, irmãos, instituições e grupos; obrigações que não escolhemos. O Iluminismo não deveria ser visto como repúdio às identidades herdadas, mas como maneira de afirmá-las. Pois elas são integrais para o único tipo de liberdade que realmente importa: a liberdade de indivíduos responsáveis que prestam contas a seus pares. É por meio do encontro com outros que o verdadeiro autoconhecimento e a verdadeira autoidentidade são adquiridos, e instituições, leis e religiões desempenham seu papel na moldagem da liberdade do indivíduo verdadeiramente autônomo. A liberdade política, no sentido europeu, é uma liberdade *situada*, marcada pelos costumes e instituições que emergiram da livre associação através dos séculos.

Essa ideia não é especificamente cristã, embora deva muito à ideia cristã de amor ao próximo. Ela tem raízes judaicas e cristãs e não é descabido encontrar uma noção comparável nos textos do amigo e correspondente de Kant, o rabino Moses Mendelssohn, que, por sua vez, foi a inspiração para a humana defesa das leis seculares e da tolerância religiosa feita por Gotthold Lessing em *Nathan, o sábio* (1779). O neto dotado de espírito público de Mendelssohn, Felix, foi

---

1. Refiro-me aqui ao argumento de Hegel em *Fenomenologia do espírito* e *Princípios da filosofia do Direito*. A filosofia do Outro segue um curso sinuoso e fascinante em tempos recentes e tem sido especialmente influente na França, graças a Alexandre Kojève e àqueles que frequentaram suas palestras durante o entreguerras, especialmente Levinas, Lacan, Sartre e de Beauvoir.

um estimado representante de nossa cultura iluminista, que assumiu a missão educacional de Goethe e Schiller, resgatou Bach para a posteridade, absorveu nossas tradições religiosas cristãs e judaicas e as incorporou, através da Gewandhaus e da Musikhochschule em Leipzig, à arte pública da música coral. Felix pertenceu a um grande movimento de ideias e sentimentos que se estendeu das Hébridas ao Mediterrâneo e cujo efeito foi traduzir nossa herança espiritual nos idiomas literário, musical e artístico que formam a essência de nosso legado romântico. Nós, herdeiros do trabalho de pessoas como Goethe, Mendelssohn, Wordsworth, Scott, Chateaubriand, Manzoni e Mickiewicz, frequentemente falhamos em apreciar seu feito, que foi o de transformar religião em cultura e a visão da eternidade em uma visão de coexistência no aqui e agora.

Essa visão não foi devotada à ideia de humanidade abstrata e universal, divorciada de todas as obrigações e tradições específicas, a despeito do que frequentemente se diz sobre o Iluminismo. Ela estava enraizada em um senso de lugar e cidadania partilhada. Foi incorporada aos sistemas legais da Europa, tanto nas tradições continentais do direito romano quanto nos idiomas consuetudinários e baseados em costumes da Inglaterra e da Escandinávia. Ambos os sistemas são territoriais e emprestam o conceito de pessoa do direito romano para descrever seres humanos individuais que são responsáveis por sua vida e ações. A mesma visão de indivíduo responsável inspirou a arte e a literatura europeias desde a Renascença e jaz sob as distintivas realizações da civilização europeia nos campos da ciência e da política. Mas o foco da visão não é de modo algum a *Europa*. Seu foco é duplo: de um lado, o indivíduo livre, soberano sobre sua própria vida, e, de outro, a comunidade livre, soberana sobre seu território e construindo ativamente leis e instituições a partir do compromisso partilhado com o lar comum. Se estivéssemos em busca do documento que captura mais perfeitamente essa visão "europeia", deveríamos olhar para a constituição americana, na qual "nós, o povo" estabelecemos as condições para nossa livre coexistência em nosso próprio lugar.

Isso não significa que não exista uma identidade europeia. É claro que existe. É a identidade concedida a nós por esse legado cultural, um legado que não é de propriedade exclusiva da Europa, sendo a característica definidora da civilização ocidental em sua fase moderna. Estamos certos ao valorizar essa identidade, que coloca à nossa disposição meios de comunicação com todo o mundo humano. É uma identidade que partilhamos com americanos, australianos e sul-americanos. É uma identidade que absorve constantemente em si mesma as expressões culturais e intelectuais de outros modos de vida. E é uma identidade que incorpora as práticas universais, como a ciência natural, o direito civil e a música tonal, que falam à natureza humana em toda parte.

Essa abertura, em um espírito de aventura e pesquisa — que Spengler chamou, em homenagem a Goethe, de espírito "faustiano" de nossa cultura —, é uma característica tão impactante que as pessoas são tentadas a acreditar que a identidade europeia pode ser compreendida sem referência a suas raízes religiosas, que não é nada *mais* que Iluminismo, uma identidade puramente racional que nada requer de seus adeptos salvo abertura e tolerância em relação ao mundo humano, um *nihil humanum a me alienum puto*, como disse o dramaturgo romano Terêncio. Essa é a ideia contida nos documentos oficiais europeus, que nos urgem a nos ligarmos à Europa ao mesmo tempo que ignoram os contornos de sua história espiritual e sua rede de obrigações herdadas. O fato é que tivemos de *vencer obstáculos* para chegar a nossa identidade, que está ligada ao continente europeu somente porque foi nele que as dificuldades e realizações ocorreram e que tem raízes no Velho Testamento e na visão cristã de amor ao próximo. Não é uma identidade partilhada em toda parte por muçulmanos, cuja religião, em suas formas mais veementes, recusa-se a admitir a legitimidade do governo secular ou a igualdade de todos os indivíduos, independentemente de sexo ou credo. É claro que os muçulmanos também podem adotar uma concepção nacional de seus deveres públicos e definir sua filiação social em termos seculares. Mas, ao fazer isso, estão adotando uma identidade que está, no máximo, apenas implícita em sua fé.

Três séculos e meio de civilização desde a Paz de Vestfália apagaram muitas das fronteiras linguísticas, geográficas e culturais que existiam em nosso continente. É seguro dizer, todavia, que o senso de identidade nacional permanece e mantém seu poder sobre a psique europeia. O senso de uma identidade pan-europeia é mais exaltado, mais uma questão de cérebro que de coração, mais aspiracional e também, por essa mesma razão, mais elusivo e frágil. A identidade nascida de território e autogoverno é profunda e autoevidente; aquela nutrida por laços históricos, éticos e culturais mais amplos é mais hesitante e, de certo modo, mais inspiradora. Essa exaltada e frágil identidade europeia é preciosa. Ela precisa de cuidados gentis para crescer e se transformar em algo que possa ser a base de nosso futuro. Colocar sobre ela um grande fardo de regulamentações, na esperança de que as sustente da mesma maneira que nosso sentimento nacional instintivo sustenta as leis nacionais, é correr o risco de esmagá-la completamente.

Em resumo, se quisermos ser leais a nossa identidade europeia, não faremos isso voltando as costas ao Estado-nação. A nacionalidade é uma das realizações da Europa. Os europeus extraíram da religião do amor ao próximo um novo tipo de soberania e a usaram para promover a liberdade do indivíduo sob um estado de direito secular. É sobre a experiência da nacionalidade que a União Europeia poderia ter sido construída: uma Europa de Estados-nação soberanos na qual os poderes conferidos às instituições centrais

156 BREXIT: ORIGENS E DESAFIOS

poderiam ser livremente retomados por eles, pelo mesmo processo de negociação por meio do qual foram cedidos. Essa visão, que inspirou a política externa de Charles de Gaulle, não foi aceita pelos arquitetos da União Europeia como a conhecemos. Mas é a essência do que é a Europa como civilização, cultura e ideal. E os britânicos pertenceram a essa essência durante toda sua história, como podem pertencer a ela mais evidentemente agora, ao afirmarem sua independência soberana.

É aqui, contudo, que devemos reconhecer o que talvez seja o maior problema a ser enfrentado por nosso país ao deixar a União Europeia, que é o confronto inevitável com a Alemanha. Já sugeri que o projeto de união política está muito mais profundamente entremeado aos tratados europeus do que sua apresentação inicial implicava. A "união de alfândegas" foi uma máscara para a associação de soberanias planejada por Jean Monnet. Mas, por trás desse projeto oculto, jaz outro ainda mais oculto, porque escondido até mesmo dos que o buscam. Os alemães saíram da Segunda Guerra Mundial com uma sensação de que sua nação fora tão conspurcada pelas coisas feitas em seu nome que já não era possível se identificar a ela. O sentimento nacional que mantivera as pessoas unidas durante todo o sofrimento infligido pelos nazistas teve de ser posto de lado, como objeto de vergonha e repúdio. Com isso, surgiu a impossibilidade de lamentar as perdas — de seus muitos mortos, de suas cidades de contos de fadas, de sua bela e comovente pátria e de sua cultura —, fazendo com que as feridas de guerra permanecessem abertas e impedindo que a nação se erguesse novamente como qualquer coisa parecida com sua prévia e autovalorizada imagem. Tudo isso foi persuasivamente explicado por Alexander e Margarete Mitscherlich em *Die Unfähigkeit zu trauern* (A incapacidade de realizar o luto), publicado em 1975.

Por essa razão, o povo alemão precisava de um modo de identificar sua primeira pessoa do plural que não fosse a identidade

LÁ FORA NO MUNDO

nacional. Eles adotaram a ideia de Europa como projeto inclusivo, cuja filiação lavará os pecados do nacionalismo e incluirá o povo alemão em uma comunidade partilhada e civilizada. Ser europeu é renunciar à antiga beligerância e às reivindicações de superioridade racial e dominância militar. Essas coisas, acreditam os alemães, pertencem ao *nacionalismo* alemão, não a nós, cidadãos da Europa falantes de alemão. Aquela velha primeira pessoa do plural não é nossa, assim como o "nós" de Armínio e das tribos pagãs não é nosso.

Esse sentimento coletivo é amplamente inconsciente e, por essa exata razão, difícil de evitar. A ligação entre a nova Alemanha e o projeto europeu é *existencial*. Qualquer coisa que a ameace receberá como resposta um conflito de vida e morte. Nessas circunstâncias, a não beligerância pode ser uma forma de beligerância. Se sua identidade, o senso de *quem você é*, está ligada à crença em sua gentileza, qualquer um que questione essa crença ou ameace as condições das quais ela depende deve ser confrontado e desarmado. O entendimento da cidadania europeia, em termos de "poder brando" e inclusão, é, nos termos de Heidegger, *existenziell*, não pensado ou racionalizado, mas parte do próprio *Dasein*. O projeto europeu tem de funcionar, e funcionar integralmente, acreditam os alemães, para sermos quem agora somos. Os Estados-nação não devem receber permissão para nos abandonar, deixando-nos com uma identidade meramente nacional. Os britânicos deram um exemplo que ameaça nosso próprio ser; consequentemente, devem ser punidos para evitar que seu exemplo seja seguido.

Os alemães não são os únicos com um compromisso existencial com o projeto europeu. A "união cada vez maior" é igualmente necessária, embora por razões diferentes, para os franceses. Três invasões sucessivas deixaram um resíduo de medo que não vai desaparecer só porque "poder brando" está escrito no rosto daquele que o causou. Muitos comentadores veem nisso uma explicação para o euro. A moeda comum, argumentam eles, embora longamente deliberada e sujeitada a uma comissão presidida por Jacques Delors, foi apressadamente avançada pelo presidente Mitterrand em uma tentativa de igualar o poder francês ao alemão, em seguida à alarmante reunificação alemã. O mundo externo, testemunhando o efeito desse projeto nas economias mediterrâneas, pode considerá-lo um passo na direção da desintegração. Os dois principais jogadores o percebem como o oposto. Para eles, foi um movimento necessário em um jogo existencial, tanto para mitigar os medos dos franceses quanto para persuadir os alemães de que são mais, e não menos, europeus após reassumirem seu status como maior potência continental.

Os franceses não repudiaram a ideia nacional. Sua posição no pós-guerra foi de retidão antiburguesa e purga da traição de Vichy. Mas os sinais indicam que estão se voltando para a recuperação de seu legado cultural. Qualquer hostilidade em relação aos britânicos virá em função de outro mau exemplo que provavelmente daremos, acima e além de deixar a União Europeia, que é o espetáculo de uma economia livre e levemente regulada e um sistema tributário que encoraja a classe empreendedora a permanecer no lugar onde ganha seu dinheiro. A economia estatal da França pode competir mais facilmente com a da Grã-Bretanha quando as mesmas regulações limitam ambas. Mas isso mudará após o Brexit. O êxodo da classe executiva francesa para Londres irá continuar, mesmo que se torne marginalmente mais difícil obter permissão de residência ou escapar da jurisdição de *les impôts*.

O mais importante projeto à nossa frente, portanto, é o de conciliação. Devemos conciliar alemães e franceses de todas as maneiras que pudermos, por meio de iniciativas de cooperação nos negócios, na educação, na cultura e na política externa. Como isso será feito não

LÁ FORA NO MUNDO 159

me cabe dizer. Mas o tema deve estar no topo da agenda da política externa, como algo vital para os interesses nacionais enquanto reconstruímos nossas relações comerciais com o mundo de língua inglesa.

Devemos também iniciar outra e igualmente importante obra de conciliação em casa. Devemos persuadir todos os nossos cidadãos, os que votaram para sair e os que votaram para permanecer na União Europeia, os jovens e os velhos, os que vivem em redes e os que estão enraizados em suas vizinhanças, os cultos e os incultos, os habilidosos e os sem habilidades, de que somos todos parte de uma única primeira pessoa do plural a ser construída em termos nacionais. Devemos mostrar que nossa recém-readquirida independência não significa voltar as costas para nossos aliados europeus ou para a economia global, que as oportunidades são igualmente abundantes dentro e fora da União Europeia e que os benefícios de deixá-la superam os custos. Mostrar isso envolverá políticas radicais e abrangentes, exigindo um compromisso partilhado de pertencimento e a inclusão daqueles para os quais votar pelo Brexit foi uma resposta visceral a décadas de negligência e humilhação.

Qualquer obra de conciliação dependerá da construção de uma economia próspera, o que, por sua vez, exigirá que deixemos para trás algumas das entorpecedoras restrições da máquina da União Europeia. O projeto de "união cada vez maior" foi concebido em uma época na qual a atividade econômica estava centrada na manufatura industrial e exigia grandes investimentos de capital em indústrias que eram inerentemente voláteis e vulneráveis aos ciclos comerciais. O Estado se envolvia frequentemente na economia nacional, resgatando indústrias-chave da falência ou capitalizando empreendimentos industriais que estavam além da capacidade dos investidores comuns. As indústrias estavam localizadas em lugares onde materiais brutos e trabalho barato estavam prontamente disponíveis, e o todo tinha um caráter tanto gigantesco quanto inflexível, com o Estado e suas

160 BREXIT: ORIGENS E DESAFIOS

agências desempenhando grande papel no estímulo ao consumo enquanto brincavam de organizar a produção. Tudo isso foi sugerido no nome inicial do projeto: Comunidade Europeia de Carvão e Aço. E os vestígios das ortodoxias keynesianas que governavam o pensamento econômico nos dias finais da produção industrial em massa podem ser vistos hoje na economia monitorada pelo Estado da França.

Contudo, a parte mais vital de qualquer economia avançada é agora o setor de serviços, e os negócios mais bem-sucedidos são empresas de tecnologia de informação ou "plataformas", como foram chamadas, que colam sua etiqueta em mercadorias que jamais sonhariam em produzir. Empresas como Ikea e Nike são capazes de se expandir constantemente, enquanto deixam para seus produtores (frequentemente situados em alguns países em desenvolvimento) os custos da demanda flutuante. Conforme a economia de serviços se expande, não são o emprego ou o lucro que sofrem com as quedas, mas a importação. Qualquer corte na força de trabalho ocorrerá em lugares sem influência real sobre a política doméstica dos países onde suas mercadorias são vendidas. Entrementes, a economia de serviços cresce, deslocando o setor manufatureiro do lugar central que ocupava até recentemente no pensamento governamental e que hoje subsiste somente em alguns lugares do mundo. Mais de 90% da força de trabalho americana estão empregados no setor de serviços, e mesmo as manufaturas começam a terceirizar as partes mais voláteis de sua produção para lugares dos quais estão politicamente isoladas.

Os principais ativos de capital da Europa são, no sentido amplo, intelectuais: seus instrumentos legais, instituições financeiras, tradições educacionais e tecnologias de informação. Mecanismos como a sociedade de responsabilidade limitada, os fundos, o sistema bancário, as bolsas de valores, os seguros e mesmo as moedas nacionais não surgiram por decreto de algum poder central. Eles emergiram

LÁ FORA NO MUNDO   161

gradualmente através dos séculos: as inovações dos mercadores e banqueiros venezianos, genoveses e florentinos, o gênio dos mercadores holandeses na construção de instituições no século XVII, os instintos clubistas dos financistas da City de Londres e a capacidade de previsão dos comerciantes hanseáticos, sem falar do conceito de personalidade jurídica do direito romano e das doutrinas de contrato, equidade e fideicomisso do direito inglês — todos tiveram papel a desempenhar na geração das diversificadas ferramentas financeiras e comerciais da Europa. Cada nação desenvolveu uma maneira de lidar com as complexidades do comércio internacional e proteger aqueles que se arriscavam nele. E, em todas as nações, as instituições financeiras, educacionais e legais se entremearam e se conectaram às redes e à cultura de nossas cidades.

A tentativa de exercer controle central sobre qualquer parte dessas delicadas estruturas inevitavelmente destrói sua característica mais valiosa, que é sua competitividade. Se os ativos de capital da Europa estivessem investidos em infraestrutura, obras de engenharia e indústrias manufatureiras, o projeto de regulação e controle central poderia parecer sensato, como foi considerado sensato por aqueles que criaram a Comunidade Europeia de Carvão e Aço. Mas, se os ativos europeus fossem contados nesses termos, nosso continente há muito teria deixado de ser dominante no mundo do comércio. A economia global seguiu adiante desde os melancólicos tempos da produção em massa e dos gigantescos projetos de engenharia celebrados nas cédulas soviéticas. O futuro da Europa depende de nossa habilidade de empregar o ativo que nos concede real poder competitivo: a propriedade intelectual corporificada em nossas instituições financeiras, legais, culturais e comerciais, nos cérebros daqueles que as usam e aprendem com elas e na cultura de risco e inovação que evoluiu em nossas principais cidades.

Assim, as instituições que transformaram Londres em centro financeiro internacional não foram criadas por editos do poder soberano. Foram subprodutos das negociações comerciais de várias gerações. Suas regulações foram criadas a partir de dentro, pela necessidade das partes contratantes de confiarem umas nas outras. E o direito inglês se adiantou para tornar essa confiança executável.

Marx via o capital como possuindo uma fluidez mágica e quase espiritual. Ele corre para onde pode ser usado, encontrando um caminho através de qualquer obstáculo. Mas suas teorias não explicam isso, uma vez que se centram na produção fabril, na qual mercadorias são oferecidas para consumo e o valor reside (ou parecia residir) no trabalho despendido para produzi-las. A própria imagem da economia baseada na manufatura estava escondida no Tratado de Roma original, cujas "quatro liberdades" perpetuam a visão do valor econômico como enraizado nos "fatores de produção", definidos como trabalho, terra e capital. Conhecimento, imaginação e risco só entram na equação, quando entram, por estarem implicados no trabalho. Mas então o trabalho deve ser entendido em seu sentido integral, como atividade por meio da qual os seres humanos realizam sua própria natureza ao assumirem o controle sobre seu mundo. Se estamos falando de "fatores de produção", portanto, devemos reconhecer que os ativos intelectuais são os mais importantes entre eles, e que conhecimento, imaginação e inovação são de longe os insumos mais rentáveis em qualquer investimento produtivo.

A história econômica da Europa moderna é a história da propriedade intelectual, a commodity criada pela Europa, o grande presente daqueles pioneiros venezianos, genoveses e florentinos que viram que era possível lançar esse pão nas águas e ele retornaria após muitos dias. A moral é simples. Não sacrificamos as vantagens da economia global nem recuamos de seus efeitos culturais ao agir como Estado-nação, em vez de como membros da União Europeia. Ao contrário, as oportunidades diante de nós requerem exatamente o tipo de flexibilidade de resposta que a Grã-Bretanha é por nature-

LÁ FORA NO MUNDO

za capaz de exercitar e, de fato, foi a primeira a exercitar durante a expansão do comércio mundial nos séculos XVIII e XIX. Além disso, há antigas redes de cooperação das quais nosso país sempre gozou e que foram forçosamente rompidas pela filiação à União Europeia, especialmente aquelas construídas no interior da Commonwealth. Enquanto grande parte da Europa está em estado de declínio em relação à economia global, importantes países da Commonwealth — notadamente Índia, Canadá, Austrália e Nova Zelândia — estão em estado de expansão. Esses quatro países olham para a Grã-Bretanha como parceiro desejável e dariam boas-vindas a termos favoráveis de comércio e concessões recíprocas na questão de autorizações de trabalho e vistos de viagem.

Devemos reconhecer, no entanto, que o mundo da propriedade intelectual, dos ativos virtuais e das exportações invisíveis — esse mundo espectral onde nossas empresas parecem mais à vontade — depende de realidades mais terrenas: da produção de bens e serviços e, mais criticamente, da economia alimentar. Toda nação está enraizada no solo e vive de seus frutos, e foi o reconhecimento desse fato que motivou a mais importante e dispendiosa política da União Europeia: a Política Agrícola Comum, da qual todos os nossos fazendeiros dependeram para sua subsistência. A política foi inicialmente defendida como esquema com dois propósitos: tornar a Europa autossuficiente em alimentos e apoiar o pequeno produtor, cujo status como símbolo da paz, da estabilidade e da beneficência europeias foi tema constante da propaganda de tempos de guerra. A autossuficiência foi conseguida, amplamente por causa das melhorias mundialmente disseminadas dos métodos de cultivo, mas a primeira vítima foi o pequeno fazendeiro. Os subsídios agrícolas empurraram os preços para cima e, com eles, o valor dos aluguéis e da terra, penalizando os pequenos produtores que alugam campos e favorecendo os grandes proprietários e agro-

164 BREXIT: ORIGENS E DESAFIOS

negócios ausentes. Consequentemente, embora a União Europeia faça pagamentos a mais de 100 mil fazendas e agronegócios, os primeiros cem beneficiários recebem mais de 23% do total, ao passo que os últimos 50% recebem apenas 2,6%, o que significa que a política é inteiramente contraproducente quando se trata de apoiar o pequeno produtor. Além disso, a política manteve os preços dos alimentos artificialmente altos em toda a Europa, custando à família média 500 euros a mais por ano. Ela produziu excedentes que foram jogados nos mercados internacionais, alienando ainda mais os outros países produtores, e destruiu as economias alimentícias locais em todo o continente ao impor padrões extrameticulosos que somente as redes de supermercado e os agronegócios podem cumprir com facilidade.

A França lidera uma coalizão de Estados-membros europeus passionalmente ligados à visão de que a vida rural requer proteção de uma maneira que jamais poderia ser aplicada aos bens manufaturados. Essa visão não é de modo algum uma novidade da política europeia do pós--guerra. As Leis do Milho na Grã-Bretanha do século XIX surgiram do mesmo desejo de proteger a agricultura nativa contra importações da América e levaram a controvérsias, na Inglaterra vitoriana, similares às que cercam a Política Agrícola Comum hoje. Naquela ocasião, o livre comércio venceu, as Leis do Milho foram abolidas e, como resultado, a Grã-Bretanha se tornou dependente de alimentos importados, com consequências desastrosas durante a Segunda Guerra Mundial, quando o país ficou à beira da inanição. Após a guerra, uma visão protecionista da agricultura inevitavelmente ganhou grande número de subscritores, embora não, interessantemente, na Grã-Bretanha, onde a escassez dos tempos de guerra foi rapidamente superada por meio da importação de alimentos baratos da Commonwealth.

A premissa da política francesa é a crença adicional de que grande parte do capital social da nação está ligada à economia rural e que

LÁ FORA NO MUNDO

sacrificar esse ativo em benefício da livre competição seria perder de vista aquilo a que todos os tratados devem servir: os interesses de longo prazo da nação. Para os franceses, e para os Estados--membros que os seguem nessa questão, a Política Agrícola Comum é um ativo *nacional*, existindo para proteger o fazendeiro nativo da competição "injusta". Deve-se dizer que os Estados Unidos protegem sua própria indústria agrícola quase tanto quanto os franceses e, se os britânicos agora pensam diferentemente sobre a questão, é não somente porque a memória coletiva da Segunda Guerra Mundial está se desvanecendo, mas também porque aqui o número de pessoas *per capita* trabalhando na terra é menor que em qualquer outro país do mundo, com exceção de Singapura, que praticamente não possui nenhuma.

Abordei essa questão porque ela ilustra a maneira pela qual antigas e ultrapassadas formas de ver as coisas são mais facilmente perpetuadas quando a soberania é removida da discussão, de modo que nenhum participante tem a habilidade de dizer "estamos seguindo em frente". É claro que fazendeiros precisam de subsídios e nosso governo deve continuar a fornecê-los. Mas por que precisam de subsídios? Não porque não possuam ativos próprios. Eles precisam de subsídios porque não podem realizar o valor desses ativos. Um fazendeiro que recebe permissão para construir em suas terras pode se tornar milionário da noite para o dia. Nós — especialmente na Grã-Bretanha — impedimos os fazendeiros de realizarem o valor de suas terras porque as vemos como bens públicos, não propriedades privadas. O fazendeiro tem permissão para possuir e usar terras, mas somente se as mantiver nas condições em que nós, os contribuintes, exigimos. Claramente, toda a questão do subsídio agrícola será esclarecida e colocada em uma posição segura e permanente quando percebermos isso. Poderemos então recompensar os fazendeiros não de acordo com o tamanho de suas fazendas, mas

166 BREXIT: ORIGENS E DESAFIOS

de acordo com o cuidado que têm com elas. O dinheiro não irá para os agronegócios e proprietários ausentes, mas para os pequenos fazendeiros que colocam a beleza, a vida selvagem, os limites, os refúgios e a economia alimentar local antes do número de hectares sendo cultivados. Um regime inteiramente novo de subsídios, devotado a objetivos ambientais, estéticos e recreacionais, libertaria os fazendeiros da máquina de cima para baixo e asseguraria que o menor deles recebesse o melhor acordo. Os subsídios agrícolas serão então entendidos pelo que são, não pagamentos por explorar a terra, mas recompensas por manter a paisagem.

Isso me leva a um problema decisivo para o futuro de nosso país e que todos os governos recentes evitaram ou exacerbaram: a imigração. Muitos eleitores viram o referendo como oportunidade para protestar contra as vastas mudanças demográficas impostas ao povo britânico sem seu consentimento, entre as quais o afluxo de pessoas da Europa Oriental é apenas uma parte. Em todas as questões relacionadas à migração, as pessoas não foram consultadas, mas insultadas, e os insultos foram amplificados após a votação do Brexit. Décadas de pusilanimidade do establishment político e de "sinais virtuosos" da elite liberal produziram uma situação na qual seções inteiras de nossas cidades parecem pertencer a outro país, ao passo que habitação, assistência médica e educação estão em crise por causa da pressão do número de recém-chegados. E o custo da crise é pago pela classe operária nativa, cujos ativos têm sido redistribuídos entre estrangeiros sem nem mesmo um pedido de licença.

Nos debates anteriores ao referendo do Brexit, os especialistas avisaram às pessoas sobre uma possível catástrofe econômica, com proeminência para a Confederação da Indústria Britânica (CIB), que disse aos eleitores que o Mercado Único era indispensável para nossa prosperidade. Muitos eleitores, todavia, ficaram persuadidos de somente uma coisa: que o Mercado Único era indispensável para a CIB. Quando um grande negócio terceiriza o fornecimento de mão de obra para um país estrangeiro, de modo que seus produtos são trazidos do exterior, os trabalhadores locais perdem seus empregos. Isso é ruim, mas ao menos aquele que perdeu o emprego não conhece aquele que o tirou. Quando, contudo, é a força de trabalho, e não o produto, que é importada e estabelecida no coração da comunidade cujos empregos foram retirados, a comunidade sofre um novo tipo de humilhação.

No passado, fabricantes e fornecedores de serviços sentiam a obrigação de oferecer aprendizagem e treinamento para a força de trabalho e, consequentemente, estabelecer uma relação de mútua dependência. Foi em parte isso que Disraeli quis dizer ao defender o "princípio feudal", a saber, que o direito de propriedade envolve um dever em relação àqueles que ajudam a adquiri-la. Contudo, deveres em relação à força de trabalho são custosos. É mais barato importar profissionais já formados sem assumir qualquer obrigação especial com a comunidade na qual o negócio está estabelecido. Dez anos atrás, o maior setor manufatureiro da Grã-Bretanha — o de comida e bebida — empregava somente britânicos. Agora um terço do pessoal de produção vem da Europa Oriental. Se a CIB acha que pode persuadir o eleitorado britânico de que esse é um benefício para nossa economia, então isso mostra que sua perícia foi comprada ao custo de sua inteligência.

Alguns gostariam de fechar nossas fronteiras completamente, outros, de abri-las de vez. A primeira opção significaria dar as costas à economia global; a segunda, abrir mão de nosso lar. Certamente está na hora de adotar uma política clara para gerenciar o fluxo de migrantes de acordo não com os interesses deles, mas com os nossos. Tal política não precisa ser desumana. Mas tem de reconhecer as restrições à migração que residem em sua própria natureza. Um lar lotado de pessoas que não estão ligadas a ele já não é um lar, e toda oferta de hospitalidade aos recém-chegados presume a boa vontade daqueles entre os quais pretendem se estabelecer. Deve haver termos e condições, e eles devem ser objeto de um consenso nacional. Esse consenso só será atingido com a discussão livre e franca, sem as ofensas das últimas décadas. A liberdade de viajar e procurar emprego fora do Reino Unido é preciosa para os jovens, e devemos retê-la por meio de quaisquer garantias recíprocas que se façam necessárias. Mas o senso de pertencimento a uma sociedade integrada, na qual vizinhos são vizinhos e a lei se aplica da mesma maneira a todos, é igualmente precioso, se não mais, para o restante de nós, e só pode ser garantido por um esforço nacional e consensual. Esse consenso não será obtido com censura e ofensas. Será necessário considerar tanto o número quanto o caráter daqueles que desejam se estabelecer na Grã-Bretanha e traçar limites com o interesse nacional em mente.

O direito de controlar as fronteiras é a expressão primária da soberania e a condição *sine qua non* da jurisdição territorial. Transferir esse direito para um corpo externo é ameaçar as fundações do Estado. Contudo, em todas as questões relacionadas à crise migratória, a União Europeia assumiu o direito de decidir, chegando a propor uma política de assentamento forçado em países que se recusassem a abrir as portas. Ao tratar o afluxo como problema europeu, a Itália tentou se evadir da responsabilidade de repatriar aqueles — na maioria homens jovens e sem família — que fingiam ser refugiados para pedir asilo. E, ao confiscar o problema de seus países-membros e ao mesmo tempo se esconder atrás da tela de "poder brando", a União Europeia tornou praticamente impossível contemplar o uso da força nos lugares, como a Líbia, onde o problema se origina. Em todos os momentos decisivos da crise, as autoridades europeias estiveram perdidas, já que excluíram o único fator que poderia ser aplicado na busca por uma solução: a soberania nacional. Elas adotaram uma

LÁ FORA NO MUNDO 169

política que dissolve as fronteiras nacionais e a proteção que elas oferecem, sem erigir nenhum controle plausível sobre as fronteiras externas da própria Europa, especificamente na costa mediterrânea.

A política de fronteiras abertas da União Europeia é parcialmente responsável pela crise de refugiados, uma vez que divulga a mensagem de que, se conseguir chegar à Europa, você poderá se estabelecer em qualquer lugar do continente. Governos eleitos, que dependem de representar visivelmente os interesses nacionais, podem agir para proteger suas fronteiras, como fez a Hungria. Mas a resposta da União Europeia foi uma série de cáusticas condenações, e mesmo a tentativa de expulsar a Hungria. Uma coisa é certa: erupções de sentimentos caridosos como os de Angela Merkel, por mais bem-intencionados que sejam, tanto violam ilegitimamente os direitos das pessoas que devem arcar com seus custos quanto essencialmente desestabilizam a coesão social. Além disso, não podem fornecer uma solução para a crise de refugiados, uma vez que meramente removem do conflito as pessoas necessárias para resolvê-lo: as que são espertas ou conectadas o bastante para fugirem, levando consigo o capital social necessário para aqueles que ficaram para trás. Como Alexander Betts e Paul Collier argumentaram em um poderoso livro, a solução para a crise dos refugiados deve ser encontrada nos refúgios onde eles chegam primeiro e onde podemos empregar capital social e econômico com maiores benefícios para eles, enquanto trabalhamos por soluções diplomáticas e militares que lhes permitam voltar para casa.[2] Uma política fundada no sentimento nacional e na defesa de nossas fronteiras encorajaria esse tipo de ação e se provaria muito mais benéfica para os refugiados que encorajá-los a emigrar para longe de casa e para um modo de vida que não consegue facilmente incluí-los.

---

2. Alexander Betts e Paul Collier, *Refuge: Transforming a Broken Refugee System*, Londres, 2017.

170 BREXIT: ORIGENS E DESAFIOS

E aqui é necessário abordar o maior problema enfrentado hoje pela Europa: o Islã radical. É um problema que ilustra tudo que escrevi sobre a prioridade da identidade nacional em qualquer maneira criativa de pensar sobre o futuro. Islamistas radicais veem a lei como advinda de Deus e toda verdadeira obediência como devida a Ele. Seu pensamento é governado por um documento que não permitem que seja questionado ou criticamente examinado; tal documento contém passagens incompatíveis com o governo democrático e secular e que podem ser interpretadas como chamados à guerra. Governos recentes buscaram uma estratégia para introduzir a ideia de cidadania na comunidade muçulmana e encorajar a privatização da fé. Infelizmente, por mais bem-sucedida que essa estratégia possa ser com imigrantes ávidos por aceitação e trabalho na comunidade anfitriã, ela não impede a radicalização de seus filhos, que, sem adquirir ligação nacional por meio das escolas que frequentam ou de suas vizinhanças amplamente compostas de imigrantes, tendem a se voltar para o Islã na forma "pura" defendida pelos imãs vaabitas de nossas mesquitas financiadas por sauditas. Eles não buscam crença, mas *identidade*, a habilidade de dizer "nós" sem aceitar o "nós" da cultura circundante.

Nenhuma política será capaz de solucionar esse problema se não for baseada na firme crença na nação e suas instituições. Somente isso mostrará aos jovens radicalizados que há uma alternativa real ao caminho violento que os tenta. O Estado-nação oferece a única identidade exequível para jovens que viajaram para lutar lado a lado com seus homicidas colegas de religião na Síria. Entrementes, precisamos aprender a lidar com as consequências de políticas de imigração que foram não somente insensatas, mas amplamente motivadas pela oikofobia que descrevi no capítulo 4. O mínimo que podemos esperar é que, nos anos vindouros, nossos governos coloquem a identidade nacional em primeiro lugar e deixem de impor

LÁ FORA NO MUNDO

171

às pessoas comuns os custos do ostentoso apaziguamento de seus líderes. Quanto aos jihadistas em nosso meio (23 mil, de acordo com uma matéria recente do *The Times*),[3] o governo terá de reconhecer que a política de prevenção é insuficiente. Aqueles que viajam para o exterior para lutar com os jihadistas devem ser impedidos de voltar ou levados a julgamento por traição, se voltarem. Uma política radical de internamento e privação de cidadania será necessária e devemos começar a pensar sobre isso agora.

A percebida fraqueza da política oficial levou à crescente demanda das comunidades muçulmanas para serem governadas pelas leis da xaria — uma demanda que envolve a rejeição da jurisdição territorial. Nossa falha em desenvolver uma resposta coerente a essa demanda é parcialmente resultado de nossa crença enraizada na liberdade individual. Franceses e belgas proibiram enfaticamente os tribunais de xaria e o Tribunal Europeu de Direitos Humanos não fez objeção a isso. Nós, em contraste, assumimos que as pessoas têm o direito de "fazerem suas coisas". Por que não o direito à xaria? Jurisdição por confissão de fé, e não por território (o sistema de *millet*), foi a solução otomana para as rivalidades religiosas: o que há de errado em adotar essa solução aqui?

A história do Oriente Médio é resposta suficiente. A instabilidade da região está diretamente conectada à falta de enraizamento da jurisdição territorial. E a xaria tampouco é um substituto convincente, uma vez que não oferece às outras fés o espaço que exige para si mesma. Os infiéis são no máximo *dhimmi*, protegidos por tratado em termos que não podem negociar. O resultado de permitir que um grupo de súditos britânicos governe a si mesmo de acordo com leis religiosas seria o apartheid legalizado e a destruição dos dois mais importantes princípios subjacentes a nosso direito: que as leis são as leis da terra e se aplicam a todos que aqui residem. Esses princí-

---

3. *The Times*, 27 de maio de 2017.

pios não foram simplesmente assumidos pelos britânicos. Exigiram luta. O conflito entre Henry II e o arcebispo Becket foi causado pela tentativa do último de manter a jurisdição eclesiástica para o clero, criando sistemas paralelos de direito no interior do reino e escapando do julgamento dos tribunais seculares. Estabeleceu-se já naquela época que há apenas um sistema de leis neste país, que as leis são seculares, não religiosas, e que todos devem obedecer a elas.

Não deve haver dificuldade em declarar e manter esse princípio e proibir exceções de base religiosa. Os muçulmanos precisam se adaptar a uma única lei territorial, assim como os súditos britânicos tiveram de fazer ao longo dos séculos. Como sugere a evidência da Turquia, essa adaptação é tanto possível quanto bem-vinda, especialmente para as mulheres. Note que, embora a xaria permita que um homem tenha quatro esposas, a bigamia permanece sendo crime pelas leis inglesas. O conflito entre os dois sistemas, portanto, é amplamente irreconciliável. E esse aspecto particularmente atávico da xaria expressa uma concepção de diferença sexual e do lugar das mulheres na sociedade que certamente não pertence a nosso país.

Em certas comunidades muçulmanas, a concepção islâmica de diferença sexual leva à adoção do véu sobre todo o rosto em público. Novamente, é parte de nosso legado de liberdade o fato de permitirmos isso, ao passo que os franceses proíbem. Mas devemos reconhecer quão profundamente essa prática ofende nossos costumes estabelecidos. A nossa é uma sociedade cara a cara, na qual as pessoas declaram abertamente quem são e se dirigem umas às outras como iguais. A privatização sistemática das mulheres, a tentativa de escondê-las como segredos, é parcialmente responsável pela falha de certas comunidades muçulmanas em se integrar. Os filhos de tais comunidades enfrentam uma divisão existencial absoluta entre o lugar secreto onde as mulheres estão e as crianças são criadas e a arena iluminada das tentações do mundo externo. Isso só pode

LÁ FORA NO MUNDO

173

exacerbar sua crise de identidade e alimentar seu desejo de se unir à escuridão contra a luz, ao lar secreto contra a sociedade aberta de estranhos, à *umma* islâmica contra o Estado secular.[4]

Não é somente no mundo ocidental que o véu sobre o rosto todo é visto como ofensa. É desaprovado também em muitas sociedades islâmicas, em particular naquelas, como a Turquia, a Síria e o Egito, que desejam se adaptar às condições sociais modernas e estabelecer jurisdições que se apliquem a todos, independentemente da fé. Lugares onde o véu de rosto inteiro é *de rigueur* estão desaparecendo do mundo como o conhecemos, e as sociedades islâmicas que o deploram são também lugares onde a igualdade sexual e a monogamia são agora aceitas como norma.

Demonstrar real respeito por nossos cidadãos muçulmanos é usar com eles os mesmos padrões que usamos conosco. E àqueles que parecem rejeitar tais padrões, devemos fazer as seguintes perguntas vitais: você deseja ou não pertencer a uma civilização na qual as mulheres estão na arena pública em termos de igualdade com os homens? Você deseja ou não viver sob um estado de direito partilhado com aqueles que vê como infiéis? E o que, de qualquer modo, diz sua fé sobre as mulheres e como devem ser tratadas? Essas perguntas deveriam ter sido feitas há muito tempo, e nossas boas-vindas deveriam ter dependido das respostas. Mas não há razão para não as fazermos agora, e o respeito por nossos cidadãos muçulmanos exige que as façamos.

Não há dúvida de que a integração dos muçulmanos é uma das importantes tarefas que temos agora. Em um livro impactante, Douglas Murray viu na reação europeia à imigração muçulmana sinais do suicídio cultural de nossa civilização.[5] Como indiquei no capítulo 4,

---

4. A raiz de *umma* é *umm*, mãe.
5. Douglas Murray, *The Strange Death of Europe*, Londres, 2017.

nossas políticas de imigração não foram apenas influenciadas, mas, sob os recentes governos do Partido Trabalhista, lideradas pelos oikofóbicos, para os quais a ideia de privilégio nacional é inaceitável. O multiculturalismo tem sido uma política dirigida contra os valores da maioria, em uma tentativa deliberada de transtornar a população nativa e lhe dar uma lição por ser quem é. Mas agora temos a oportunidade de deixar esses castigos mesquinhos para trás e afirmar o que muitos eleitores indicaram desejar de sua liderança política: o reconhecimento de nossa identidade como povo integrado, unido pela vizinhança no país que partilhamos. Nossa estratégia deve ser promover a discussão livre e pública, pôr fim à censura e ao recuo por trás do véu e trazer os jihadistas para céu aberto, onde podem ser publicamente rejeitados pela comunidade muçulmana. E devemos proteger os muçulmanos que deixam o Islã, o que significará lidar duramente com aqueles que tentarem puni-los.

A ascensão do Islã radical nos leva à questão crucial. Em períodos de paz duradoura, como o que gozamos recentemente, as pessoas começam a esquecer por que a soberania nacional é necessária. Nossos problemas deixam de parecer vastos e ameaçadores e surge a ilusão de que podem ser deixados a cargo de especialistas, que os solucionarão sem perturbar o ritmo tranquilo de nossa vida. Essa "ilusão de paz" é expressamente promovida pela União Europeia, que deseja que acreditemos que a paz resulta do governo burocrático, e não que a burocracia surgiu porque finalmente houve paz. A União Europeia fala do "poder brando" com o qual aborda cada crise e exalta as virtudes de um regime no qual a diplomacia substituiu a força como meio de resolver conflitos. E essa maneira de ver as coisas está diretamente conectada ao problema da identidade alemã que discuti há pouco.

Na verdade, contudo, a paz surge de modo bem diferente, por meio não do poder brando, mas do poder severo. Ela requer tratados não para associar soberanias, mas para manter soberanias

LÁ FORA NO MUNDO

175

rivais em equilíbrio. A ONU, o GATT (agora substituído pela OMC) e seus acordos subsidiários tentaram resolver os conflitos entre Estados soberanos propondo meios que não a violência. E a paz na Europa foi conseguida não pelo Tratado de Roma, mas por aquele que criou a OTAN, que não requer de seus signatários nenhuma diminuição de soberania, mas sim o compromisso de ajudarem uns aos outros em resposta a um ataque. A OTAN impediu que a União Soviética estendesse seu controle sobre a Europa, e o fez amplamente porque pôde se apoiar na soberania nacional e no compromisso patriótico de seus membros, notadamente os Estados Unidos e a Grã-Bretanha.

Esse ponto é especialmente significativo agora, quando a União Europeia se mostra cada vez mais incapaz de assegurar qualquer tipo de força militar coordenada. Ao se esconder atrás da aliança da OTAN, os alemães há muito deixaram de se preparar para qualquer tipo de guerra. Mas uma verdade fundamental da estratégia militar é o fato de que estar pronto para a guerra é a única maneira confiável de evitá-la, e essa é uma verdade que nossos comandantes militares e governos há muito reconheceram. Ela é reconhecida também em outros lugares da Europa, mas somente em países como Polônia, Estônia e Lituânia, diretamente expostos à ameaça russa. Sem entrar em complexidades, certamente já está evidente que, em todas as crises, não foi para a Europa que olhamos a fim de proteger nossos interesses, mas sim para nossos próprios recursos nacionais e para a aliança anglo-americana que já nos salvou duas vezes de sermos conquistados pela Alemanha.

A destruição do Oriente Médio ocorreu precisamente nos lugares — Iraque, Síria, Líbia, Iêmen — onde a ideia nacional é fraca ou inexistente e as pessoas se combinam por meio de formas religiosas, tribais ou dinásticas de filiação. Tony Blair podia estar completamente errado ao entrar na guerra do Iraque. Mesmo assim, pôde contar que nossos soldados lutariam efetivamente assim que acreditassem estar lutando por seu país. Por causa dessa crença, eles exibiram

176 BREXIT: ORIGENS E DESAFIOS

a coragem e a disciplina que sempre caracterizaram os soldados britânicos quando chamados à defesa de seu país. Não criamos músicas e danças a respeito, pois fazer isso seria negar a coisa que admiramos. Mas essa coisa existe e distingue as forças militares britânicas em todas as suas incursões.

Consequentemente, um dos fatores mais importantes na definição de nosso futuro é a fraqueza percebida da União Europeia em termos militares. Poucos Estados-membros estão dispostos a fazer a contribuição combinada à aliança da OTAN e os alemães simplesmente se recusam a fazê-la. Ao negociar o acordo de Minsk de 2015, a sra. Merkel e o sr. Hollande não tinham credibilidade, uma vez que falavam de uma posição que excluía a possibilidade de uso da força. O presidente Putin meramente riu deles, e o acordo que assinou nada fez para impedir o entrincheiramento de Moscou na Ucrânia Oriental ou a anexação da Crimeia. Observar o comportamento da Rússia nesses lugares, na fronteira báltica, no espaço aéreo sueco e finlandês e na Síria certamente deve causar alarme, e está claro que qualquer fraqueza percebida será entendida por Putin como encorajamento adicional para sua política de reconstruir a esfera russa de controle. A União Europeia minimiza as ameaças estratégicas, induzindo seus membros a uma atitude de complacência em relação à rápida mudança no alinhamento de forças. Fora da União Europeia, todavia, no ar fresco do realismo militar, sonhos e ilusões serão desfeitos. E ficará claro que nossa sobrevivência depende de nossa prontidão militar e que nossas forças armadas são parte fundamental do que somos.

O afluxo de trabalhadores migrantes da Europa Oriental não é resultado somente de seus números abundantes: também é consequência de nosso sistema educacional, que traiu as aspirações e as necessidades da classe operária nativa. O padrão de nossas escolas estatais despencou, a ponto de estarmos perto do fim da tabela da

LÁ FORA NO MUNDO 177

OCDE, com 17% dos formandos sendo analfabetos e 22% analfabetos numéricos. E, embora nossas universidades permaneçam entre as melhores do mundo, houve um catastrófico declínio na educação vocacional e técnica necessária para produzir uma força de trabalho habilitada e semi-habilitada. As escolas politécnicas costumavam fornecer esse tipo de educação, mas sua conversão em universidades levou a um abrandamento do currículo, ao mesmo tempo que colégios e faculdades não levaram a educação vocacional tão a sério quanto seus pupilos necessitavam. Existe uma crença disseminada entre os jovens de que ensino superior significa universidade ou nada, e as aspirações profissionais se voltaram para profissões competitivas, em vez de vocações práticas. Em 1984, 14% dos adolescentes entraram nas universidades; agora o número é de 48%. Em 1973, havia 250 mil estagiários; hoje há apenas 50 mil, parcialmente como resultado da facilidade com que as empresas podem recrutar profissionais já habilitados na Europa. Assim, uma de nossas iniciativas políticas mais importantes, se quisermos fazer justiça àqueles que mais sentem necessidade de um *demos* inclusivo, será reestruturar a educação vocacional. Precisamos instituir o equivalente às faculdades comunitárias americanas, que fornecem habilidades versáteis nos lugares onde são necessárias e apoiam as identidades locais e os pequenos pelotões que são a fonte do patriotismo discreto.

Tais reformas devem ser parte de uma tentativa mais ampla de disseminar os benefícios da integração econômica àqueles cujos trabalhos e ligações emocionais os fixam a determinado lugar e que são os que mais sofrem com o mercado global. A economia global suga finanças e inovações para longe das indústrias pequenas e localizadas e fornece capital social, intelectual e financeiro para gigantes de outros lugares. Bancos e fundos de investimento imobiliário locais vêm sendo absorvidos por grandes bancos ou nacionalizados

178 BREXIT: ORIGENS E DESAFIOS

e vendidos para competidores estrangeiros, como foi notoriamente o caso do Bradford and Bingley. O antigo entendimento das condições locais e das necessidades dos pequenos negócios e domicílios frugais desapareceu do relacionamento entre banco e clientes, e as pessoas na parte inferior do mercado de trabalho se viram sem ajuda ou conselho em momentos de necessidade. Muitos domicílios mais pobres veem os bancos como parte da economia estrangeira da qual estão excluídos. Espantosamente, 1,7 milhão de adultos em nosso país não têm conta em banco, e muitos usam os custosos créditos consignados para lidar com emergências.[6] Retificar o desequilíbrio, portanto, envolverá a tentativa de não somente reviver o treinamento vocacional, mas também devolver os empréstimos ao âmbito local.

De fato, o reinício que o Brexit nos oferece será a oportunidade de realizar um projeto adotado por vários governos recentes, que é o movimento na direção de uma economia descentralizada, do tipo que existia no século XIX e poderia existir novamente. Em termos de produtividade, Londres supera o restante do Reino Unido em 72%, um resultado ainda mais alto que o de Paris em relação ao restante da França (67%). Recursos, investimentos e pessoas fluem constantemente na direção de Londres, e o South East não apenas está lotado ao ponto de saturação, como também contém a maioria do capital social e financeiro do Reino Unido. Um esforço consciente para dirigir os recursos na direção norte e fornecer às pessoas das cidades nortistas as oportunidades educacionais e profissionais que atualmente existem no sul poderia começar a sanar uma das mais dolorosas divisões de nosso país. A criação de administrações regionais é um passo na direção certa, mas há também um argumento pelo envolvimento estatal no processo, a fim de incentivar o redirecionamento do capital social

---

6. Ver o panfleto do Citizens Advice Bureau sobre *Crédito consignado*, publicado em março de 2016.

LÁ FORA NO MUNDO   179

e material. Projetos de infraestrutura, renovação das áreas centrais e uma ativa política cultural regionalizada começariam a responder a algumas das queixas que levaram ao voto pelo Brexit. E deveríamos repensar o governo local como um todo, com o objetivo de restaurar parte da confiança construtora de comunidades dos velhos conselhos paroquiais e distritos municipais.[7]

A divisão norte–sul não é a única ferida que precisa ser tratada. A divisão cidade–campo é igualmente séria, com uma população cada vez mais urbana e centrada em supermercados distanciando-se daqueles que vivem e trabalham nas áreas rurais. Nosso sistema de planejamento inevitavelmente fez subir o preço das terras e também tornou difícil ou impossível construir habitações acessíveis na área rural, de modo que os jovens se unem ao êxodo para as cidades. A solução desse problema deveria ser parte de uma política mais ampla de proteção ambiental, aliada à reforma dos subsídios agrícolas e a uma diversificação cuidadosamente estruturada da economia rural. Precisamos trazer os pequenos negócios para o coração das comunidades rurais, a fim de fornecer trabalho e aprendizado aos jovens; ao mesmo tempo, deveríamos encorajar o crescimento de uma economia alimentícia local e da consciência, entre os residentes urbanos, sobre a origem das coisas que comem. O campo é rico em redes sociais[8] e permanece precioso para o povo britânico, pelas razões fornecidas no capítulo 2. Aqueles que o mantêm, tanto como recurso material quanto

---

7. Ver a esclarecedora defesa, feita pelo tractariano Henry Wilberforce, da paróquia como ideal de governo local, respondendo a necessidades materiais e espirituais, mas, na época em que ele escreveu, tornada impotente pela migração em massa para as cidades: Henry William Wilberforce, *The Parochial System: An Appeal to English Churchmen*, 1838, reimpresso em Memphis, 2012. Sobre a importância histórica e a força social da paróquia, ver Andrew Rumsey, *Parish: An Anglican Theology of Place*, Londres, 2017.

8. Para um relato verdadeiro, mas anedótico, sobre isso, ver meu livro *News from Somewhere*, Londres, 2004.

como ícone cultural, merecem o apoio e a tolerância dos residentes urbanos, incluindo os intelectuais da esquerda.

Nada disso pretende negar que nosso país enfrenta problemas, muitos dos quais precisarão da comprometida cooperação de nossos aliados europeus para serem resolvidos. O primeiro é um problema inerente a nossa história e solucionado apenas parcialmente e de forma temporária (se é que o foi): o problema da Escócia. Nos dias triunfantes da expansão imperial, os escoceses lideraram o comércio e o assentamento colonial; durante as duas guerras mundiais, seu compromisso com a União foi absoluto e exibido em atos de sacrifício patriótico que se igualaram, de todas as maneiras, aos de ingleses, galeses e norte-irlandeses. Mas as circunstâncias mudaram. A paz prolongada, a filiação à União Europeia e a sujeição da Inglaterra e da Escócia aos imperativos dos tratados europeus afrouxaram os laços históricos, ao passo que a criação do Parlamento escocês e a consequente concessão de dupla soberania aos escoceses levaram a questão da independência escocesa a uma nova forma. A tóxica mistura de romantismo e ressentimento produzida por Nicola Sturgeon e distribuída gratuitamente à população empurrou os escoceses até o limite da separação. Seria simples dizer: deixe-os ir, e é claro que um dia poderemos dizer isso. Afinal, seria manifestamente benéfico para os ingleses gozarem de um Parlamento próprio no qual a oposição fosse leal ao mesmo *demos* que o governo, em vez do Parlamento que temos hoje, no qual muitos dos principais membros da oposição não aprovam realmente o fato de estarem lá e fazem tudo que podem para penalizar os membros ingleses pela falha de também estarem lá.

Todavia, devemos reconhecer que o Partido Nacional Escocês não representa todos os escoceses, que as ilusões românticas de sua líder jamais sobreviveriam à realidade social e econômica da independência e que a defesa do Reino Unido seria seriamente comprometida pelas políticas pacifistas e pelas aspirações de neutralidade que ela herdou de seu passado socialista. É de interesse de ambos os lados permanecerem unidos, e a união deve ser vigorosamente defendida não apenas pelos políticos, mas também por aqueles cuja voz é ouvida em muitos lugares. Inglaterra e Escócia estão tão entremeadas quanto Borgonha e Provença; separá-las não seria uma libertação, mas uma privação para ambas. Deve haver um sério esforço para mudar o centro de gravidade do reino para o norte, a fim de dotar instituições e iniciativas escocesas de importância simbólica e cerimonial, e até mesmo transferir parte da administração para Edinburgh e Glasgow. O currículo escolar de história deveria tratar os dois países como vizinhos mutuamente dependentes, que enfrentam o mundo juntos e cujos destinos são um só. Essa mudança do centro de gravidade seria eminentemente exequível, se não fosse por um resultado singular da impensada criação do Parlamento escocês, a saber, o fato de que os ingleses não possuem assembleia própria. Somente se essa anomalia for retificada, por meio da criação de um Parlamento inglês, seja ou não sediado no interior das mesmas paredes do atual Parlamento da União, será possível tratar os escoceses como parceiros iguais no que, no fim, é um compromisso histórico contínuo, e de modo algum uma forma de controle imperial.

Assumir o controle de nossas fronteiras e reduzir a imigração a proporções administráveis permitirá que lidemos com outro de nossos grandes problemas, que é a escassez de moradias. Para muitos britânicos, o planejamento está no topo da agenda política e é a questão que suscita desafios em massa e os leva a fazer lobby e protestar pelo que temem perder. Esse fato confirma minha tese neste livro, a saber, que os britânicos se identificam em termos do lar que partilham. Daí ficarem indignados quando esse lar é profanado pela arquitetura desumana ou modificado sem consideração por sua beleza. Esses sentimentos viscerais influenciaram profundamente a legislação de planejamento antes e depois da guerra e levaram à criação de cinturões verdes, à proibição das faixas de urbanização e ao controle estrito da construção civil na área rural. O povo britânico teme perder o que essas provisões sensatas protegeram até agora, e temos uma oportunidade de extinguir esse medo ao adotar um novo e democrático processo de planejamento no qual os moradores, e não empreiteiros e arquitetos, decidam como uma localidade irá se parecer. Em vez de faixas deslocadas de propriedades habitacionais sem forma ou caráter, devemos tentar construir a coisa que os britânicos mais valorizam, que é um *lugar*. Novos bairros devem ter ruas, praças, lojas, escolas e áreas públicas, construídas com materiais amigáveis de acordo com o design e os costumes locais. E as pessoas devem poder opinar, escolhendo não somente as locações, mas também a aparência de cada construção que interromperá sua vista.

O planejamento é uma de muitas áreas que agora podem retornar completamente ao controle democrático, em um espírito de renovação nacional. Outra é a política ambiental, também há muito sujeita ao lobby partidário de grupos obcecados pelas mudanças climáticas, à custa de todas as outras questões ambientais. Podermos nos livrar da ultrapassada abordagem da União Europeia para as soluções energéticas e olhar para a questão ambiental em sua totalidade, a fim de incluir vida selvagem, beleza natural e habitat humano na equação, é um dos grandes benefícios que podemos esperar do Brexit. É verdade que problemas ambientais não respeitam fronteiras nacionais e a cooperação internacional é necessária para solucionar os piores deles. E essa foi a razão para os ambientalistas favorecerem as iniciativas europeias, criadas para proteger o continente como um todo, em vez de somente algumas partes arbitrárias. Mas problemas ambientais também não respeitam continentes, e o histórico dos tratados internacionais relacionados ao clima é extremamente desanimador. Acordos de comércio de emissões têm sido evitados pelas potências mais fortes, impondo custos inaceitáveis às mais fracas e sequer se aproximando da solução real, que é a descoberta de fontes baratas de energia renovável. E isso exigirá cooperação internacional de outro tipo.

Em *Green Philosophy* [Filosofia verde], de 2009, argumentei que a raiz de todas as soluções ambientais é a responsabilidade perante nossos vizinhos. Não precisamos de governos ou burocracias para implantar em nós esse motivo, nem de incentivos adicionais para agir baseados nele. Basta que sejamos julgados pelo que fazemos, e que aquilo que fazemos possa ser danoso ou ofensivo para outros. Esse ponto é fundamental para a filosofia ambiental de Hans Jonas (*Das Prinzip Verantwortung*, 1979) e para uma longa tradição de filosofia moral que começou no século XVIII, com a segunda *Crítica* de Kant.

A responsabilidade é um aspecto formador de identidade da condição humana: não é uma questão do que queremos, mas do que somos. Ela surge em um local específico e abrange as pessoas, os costumes e a cultura aos quais essas pessoas estão ligadas. Tais ativos não podem ser pesados e merecer ação somente quando o desejo de agir for mais forte que algum apetite rival. São demandas inegociáveis. O desejo de proteger o ambiente surge espontaneamente nas pessoas assim que reconhecem sua responsabilidade pelo que são e pelo que fazem e identificam algum lugar como "nosso". A oikofilia é profunda em todos nós, e ilustrada pela atual campanha para preservar as áreas rurais da Grã-Bretanha, por campanhas similares para proteger as áreas

184 BREXIT: ORIGENS E DESAFIOS

selvagens nos Estados Unidos e por todos os arranjos locais de pequena escala estudados por Elinor Ostrom, em uma celebrada prova de que "a tragédia dos comuns" pode ser superada no nível local, quando as pessoas estão conscientes de partilharem algum lugar como seu lar.[9] Como esse tópico é vasto e minha resposta foi publicada em outro livro, deixo que os leitores reflitam sobre os exemplos da vida real. Eles podem se lembrar do que aconteceu com as bem administradas empresas pesqueiras de nosso país quando a União Europeia as assumiu, ou do que aconteceu às cidades americanas quando as leis de zoneamento e rodovias impostas pelo governo as despedaçaram. É precisamente quando as decisões são retiradas das comunidades mais diretamente afetadas por elas que ocorrem catástrofes ambientais. Embora seja verdade que sempre precisaremos de cooperação internacional nessa questão, ela será inútil se não estiver combinada à administração real do lugar que nos pertence.

Deixarmos a União Europeia não significa que estamos deixando a Europa. Fomos nós, os Estados-nação, que adotamos e refinamos a prática da cidadania responsável, estabelecemos nossas fronteiras e embelezamos nossos lares nacionais com cidades, instituições, leis e paisagens que reúnem nosso povo em um senso partilhado de pertencimento. E isso representa o verdadeiro ideal europeu. Nós na Grã-Bretanha temos problemas, sofremos com tensões de classe e etnia que frequentemente ameaçam dividir nossas lealdades e passamos por um declínio espiritual e cultural como resultado da perda de nossa religião. Mas esses problemas são comuns a todas as comunidades do mundo contemporâneo e não anulam o maior ativo que possuímos, que é nossa sociedade civil. Os britânicos permanecem

---

9. Elinor Ostrom, *Governing the Commons*, Cambridge, 1990.

LÁ FORA NO MUNDO

ligados uns aos outros por laços de responsabilidade mútua e confiança social, e esses laços foram fortalecidos pelos problemas recentes. Pois nossos laços não foram criados por acordos superficiais ou impulsos passageiros: eles pertencem a nosso modo de ser, no lugar onde estamos.

Índice

A

abade Sieyès 67
Acton, Lord 61–62
Addison, Joseph 30
adolescentes e lar 79, 80–81 *ver também*
  psique de rede
Alemanha 75, 105, 111–113, 114, 156–158,
  175
aliança anglo-americana 175
anonimato e condução dos negócios
  globais 128–129
antissemitismo 87
Arábia Saudita 69, 85
área rural e paisagem britânica 43–47
arte 82–84, 92, 153–154
arte jovem britânica 83
"As leis e os costumes da Inglaterra"
  (H. de Bracton) 27
Ashcroft, Lord 74
assistência médica 38
Associação de Conservação dos Pescadores 107
Associação dos Andarilhos/Os Andarilhos 48
Associação Provincial Médica e Cirúrgica 38

ativistas gays 147
Austrália 163
autoridade/oficialidade, atitudes em
  relação a 39

B

Barnett, Correlli 93–95
Baudrillard, Jean 144
Becket, Thomas 172
Bélgica 112, 171
Benetton 123
Bernanos, Georges 121–122
Betjeman, John 45
Betts, Alexander 169
Bitcoin e blockchain 128–129
Blackman, Alexander 91
Blair, Tony 35, 74–75, 89, 139, 140, 175
Bowlby, John 78–79
Boyle, Danny 24–25
Brexit 13–14, 15–16, 34, 50, 54, 55, 66–67,
  74, 81, 82, 87, 91–92, 110, 134, 146, 159,
  166–167, 182
  ver também União Europeia
Britten, Benjamin 83
Brown, Gordon 42
Burke, Edmund 68, 105

Butterfield, Herbert 24
Byron, Lord 81

C

Calvino, João 28
Cameron, David 14
Canadá 114, 163
capitalismo e globalização 144
carta magna 99–100
carteiras de identidade 112–113
caso "Pride of Derby" (1952) 107
caso Factortame 103
Chesterton, G. K. 65
cidadania 55–57, 75, 150 *ver também* nacionalidade
classes operárias britânicas 49–50, 54, 177–178
Coke, Edward 27
Colley, Linda 28
Collier, Paul 169
colonialismo 123
Comissão Europeia 17, 18, 37, 108
Comissão Europeia de Energia Atômica 16
Comissão Florestal 44
Commentary upon Littleton (E. Coke) 27
Comunidade Econômica Europeia 16, 73
Comunidade Europeia 16, 50
Comunidade Europeia de Carvão e Aço 16, 160
comunidades de credo 59–61
Confederação da Indústria Britânica (CIB) 166
confiança entre estranhos, importância da 40, 53–54, 58–59, 64, 95, 113, 170
constituição americana 153–154
contrato social 59, 67
contratos comerciais 57–59
Corbyn, Jeremy 122, 134, 143

crise dos refugiados 169
cristianismo 89–90, 150–151, 154
culpa 79–80
cultura popular 65–66, 82, 84

D

de Bracton, Henry 27
de Gaulle, Charles 156
Debord, Guy 144
Decreto de Emancipação Católica (1829) 40, 87
Decreto de Estabelecimento (1701) 28, 29
Decreto de União (1707) 30
Decreto de União (1800) 40, 103
Delors, Jacques 17
desenvolvimento infantil e lar 78–79
desigualdade sexual 172–173
Diálogos das carmelitas (Poulenc) 121
Diário de um ninguém (G. & W. Grossmith) 33
direito
    consuetudinário 27, 38, 39–40, 99, 100–104, 107, 109, 110, 116, 171–172
    contratos comerciais 57–58
    direito britânico de chancelaria/ direito civil 104–108
    entendimento 27, 29–30
    lei da xaria 71–72, 171–172 liberdade individual em culturas legais 111–112
    jurisdição territorial 63–64, 67, 70, 71
    países comunistas 111
    processo da "mão invisível" 63
    romano 100
direito civil britânico 103–108
direito consuetudinário inglês 27, 38, 39–40, 99, 100–101, 107, 109, 110, 115
direito romano 100, 102–103
dispensários do povo 38
Disraeli, Benjamin 167

ÍNDICE

E

Eastwood, John 107
economia planificada 63
economia/finanças
  crise financeira (2007–2008) 125–126, 139
  estrutura na Europa de hoje 159–162, 163
  global 124–126, 128–132, 138–140, 177–178
  Grã-Bretanha 14, 158, 159, 161–163, 166–167, 177–1709
  segurança e cidadania 57–58
  subsídios agrícolas 163–166
educação 42, 93–94, 176–177
eleição geral (2017) 13, 122, 134
elites urbanas 54–55
Elizabeth II, rainha 13, 55, 56
emoções da multidão 33
empresas pesqueiras britânicas 103
"England Your England" (G. Orwell) 34
epidemia de febre aftosa (2001) 108
Escócia 27, 28–29, 30–31, 33, 40, 44–45, 46, 65, 71, 102–103, 180–181
Espanha 75
Estados Unidos da América 62, 114, 153–154, 175, 183–184
Estados-nação 57, 61, 62–63, 66–67, 124, 170
estatuto de entrada forçada (1381) 101
euro/moeda comum 124, 158
Europa 14, 15, 18, 37, 65–66, 71, 149–156, 161, 162-163, 168–169, 175, 184
Europa Oriental 73, 74–75, 89, 167, 176–177

F

Facebook 126, 128, 134
  ver também psique de rede; mídias sociais

família Cadbury 38, 46
Ferguson, Niall 25
filiação, conceito de 32–33
Flaubert, Gustave 56
Foucault, Michel 80
França 56, 75, 82, 100–101, 105, 112, 114, 121–122, 124, 141–142, 143–145, 157–158, 164–165, 171, 172, 178
fundos 104–105, 107
fundos de investimento imobiliário/ sociedades de auxílio mútuo 38, 47, 177–178
futebol 33

G

Gales 33, 44, 65
Gelásio I, papa 150
globalização 50, 53, 122–123
globalização e arquitetura 141–142
Goodhart, David 54–55, 80–81, 96
Grã-Bretanha
  atitude "cristã" de caridade 31, 89–90
  atitude em relação à autoridade/ oficialidade 39
  atual família real 13, 36, 55, 56
  britânicos como "súditos da rainha" 55–56
  classes operárias 49–50, 54–55, 117
  confiança coletiva e estabilidade 53–54, 94–95, 113, 184–185 (ver também cidadania)
  "de qualquer lugar" e "de algum lugar" 54–55
  desenvolvimento através de instituições e empreendimentos privados 35–36, 38–39, 40–41
  direito consuetudinário/leis da terra 26–27, 29, 37–38, 39–40, 99, 100–114, 107, 109–111, 116, 171–172

divisão cidade–campo 179–180
divisão norte–sul 178–179
doações para caridade 113–114
educação 42, 93–95, 176–177
elite urbana/classes altas 21–22, 54–55
abitação e planejamento urbano 38, 179, 181–182
identidade 14, 17–18, 22–23, 28–29, 30, 32–34, 36, 42–43, 70, 170 (ver também cidadania; nacionalidade)
Igreja da Inglaterra 28–30, 33, 64
instituições e instinto "clubista" 32–33
intelectuais de esquerda 21–22, 49–50 (ver também Blair, Tony; Partido Trabalhista)
interpretações da história nacional 22–26, 77–78
jovens eleitores 122, 133–134, 143
liberdade 40, 41–42, 99–101, 105, 111, 113, 114–116
literatura declinista 93–95
livre movimentação do trabalho"/ Tratado de Maastricht (1992) 73–74, 110, 112 (ver também imigração/imigrantes; Islã)
paisagem e área rural 43–48
patriotismo 21–23, 26, 49–50
percepção da União Europeia 37
poder militar 91, 175–176
posse de terras 40–41, 44, 131–132
relacionamento com a Commonwealth 163–164
religião 27–31, 63–64 (ver também Islã)
responsabilidade ambiental 183–184
sistema legal de baixo para cima 44–45, 103–106, 108, 109, 116

soberania e direito 27, 29, 102
soberania e identidade nacional 30, 31–32, 36
soberania e Igreja 27–30
subsídios agrícolas 165–166
superando sistemas opressivos 40–41
Tribunal da Chancelaria/direito civil 104–108
urbanização/"cidade-jardim" 46–47
vizinhança e lar 31–34
ver também Inglaterra; Irlanda do Norte; Escócia; Reino Unido; Gales
Grahame, Kenneth 33
Grécia 17, 37, 124
Grécia antiga 92
guerra franco-prussiana (1870–1871) 121
Guilda de São Jorge 47

H

habeas corpus 39, 101
habitação e planejamento 38, 179, 182
Hayek, Friedrich 109
Heath, Edward 50, 73
Hegel, Georg 152
Henry II, rei 172
Henry VIII, rei 64
Hill, Octavia 47
Hitler, Adolf 21, 31
Holanda 37, 82
Hollande, François 176
Honeyford, Ray 86
Howard, Ebenezer 46
Hume, David 30
Hungria 169
Hunter, Lord 91
Huntington, Samuel 66

ÍNDICE

I

identidade nacional 14–15, 17–18, 22–23, 28, 30, 32–34, 36–37, 70–71, 146–148, 170–17
identidades rivais 146
Igreja católica 28, 29
Igreja da Inglaterra 28–30, 56, 64
Iluminismo 46, 55, 64–65, 149–150, 151, 152, 153
imigração/imigrantes 15, 31, 43, 70, 73–74, 86–88, 89, 166–170, 173–174, 181–182
imóveis 131–133
imperialismo 123
Império Austro-Húngaro 38
Índia 163
índice Fortune 500 125
individualismo liberal 151–152
industrialização 123, 139–140
Inglaterra 26–27, 33–34, 46, 101, 112, 180–181
   Igreja da 27–30, 56, 64
   liminares contra poluição ambiental 106–107
   posse de terras 40–41, 44
   pesos e medidas 116–118
integração 31–33, 70–71, 168, 172–174
internet e política 133–134
interpretação tory da história 25
interpretação whig da história 24–25
Irã 69
Irlanda do Norte 30, 40–41, 65
Islã 61, 71–72, 75–76, 90–91, 146, 173–174
   lei da xaria 71–72, 171–172
   radical 82, 115, 170
   véus de rosto inteiro 173
Islã sunita 146
Islã xiita 146
islamofobia 86–87
Itália 17, 37, 114, 124, 168

J

James I da Inglaterra e VI da Escócia 102–103
jihadistas 87, 171, 174
Joana d'Arc 121
Jonas, Hans 183
juízes e tribunais britânicos 102
Juncker, Jean-Claude 17, 68–69

K

Kant, Immanuel 151–152, 183
Kołakowski, Leszek 112

L

Le Corbusier 141
Le Pen, Marine 82, 144
Lei da Reforma (1832) 40
lei da xaria 71–72, 171–172
Lei de Planejamento de Cidades e Áreas Rurais (1946) 51
Lei de Responsabilidade Civil dos Ocupantes (1957) 104, 109
Lei de Saúde Pública (1875) 106
Leis de Prevenção à Poluição dos Rios (1876 e 1893) 106
Leis do Milho 164
Lessing, Gotthold 152
levantes contra o papado 29
liberdade 151–152
   de expressão 114–116, 147
   na Grã-Bretanha 40, 41–42, 99–101, 105, 111, 113–114
limites na área rural 44
Lipovetsky, Gilles 144
literatura declinista 93–95
Londres, Inglaterra 141, 178
Lutero, Martinho 28

M

MacPherson, Lord Justice 86
Macron, Emmanuel 15
Maitland, F. W. 104–105
manif pour tous 145
marxismo 136–137, 162
Mason, Paul 125
massacre de Amritsar (1919) 91
May, Theresa 13
medidas imperiais 116–119
medidas liminares 106, 107
Mendelssohn, Felix 152–153
Mendelssohn, Moses 152
Mercado Único Europeu 14, 166–167
Mercado Único Europeu 14, 166–167
Merkel, Angela 169, 176
mídias sociais 126–128, 135–138
   ver também psique de rede
Mill, John Stuart 111, 114
Miłosz, Czesław 90–91
mito da carta magna 36–37, 118–119
mito da vanguarda 36–37, 118
Mitscherlich, Alexander e Margarete 156
Mitterrand, François 158
Monnet, Jean 16, 156
movimentos ambientais 47
muçulmanos ver Islã
multiculturalismo 31, 174
ver também globalização
Murray, Douglas 173

N

nacionalidade 59–60, 61–71, 75, 155–156
nacionalismo 22, 67
Napoleão Bonaparte 37
National Trust 47, 140
negociações do acordo de Minsk 176
negócios e ciberespaço 124–126, 128–130

Nightingale, Florence 38
nostalgia, acusações errôneas de 91–93
Nova Zelândia 114, 163

O

O vento nos salgueiros (K. Grahame)
   33, 45
Odisseia (Homero) 92
Ofsted 42
oikofilia 79, 81
oikofobia, impacto da 79, 80–92, 122,
   170–171, 173–174
oikos 79
Olimpíadas de Londres (2012), cerimônia de abertura 24–25
Organização das Nações Unidas (ONU)
   175
Organização Mundial do Comércio
   (OMC) 175
organizações de caridade 113
Orwell, George 21–23, 31, 34, 42, 49–50,
   80, 81, 89
os "de qualquer lugar" e os "de algum
   lugar" de David Goodhart 54–55,
   80–81, 88, 96–97
Ostrom, Elinor 184
OTAN (Organização do Tratado do
   Atlântico Norte) 175, 176
Owen, Robert 38, 46

P

Pai Nosso 151
paisagem britânica 43–48
países da Commonwealth 163, 164
Paris, França 141–142, 178
Parlamento britânico 11, 38, 99, 102, 104,
   180, 181
   ver também Brexit

ÍNDICE

Parlamento Europeu 17
Partido Nacional Escocês 180–181
Partido Trabalhista 48–50, 89, 134, 139, 173–174
patriotismo 21–22, 26, 50, 67, 68–69, 80, 82
Paz de Vestfália (1648) 57, 155
paz, manutenção da 174–176
Péricles 75
pesos e medidas 116–118
poder militar 175
Política Agrícola Comum 16, 163–165
poluição ambiental 106–108
pornografia na internet 137
posse de terras 40–41, 44, 131–133
processo da "mão invisível" 62
proibição de caça 48
protestantes irlandeses 40
protestantismo 28, 28–30
psique de rede 127–128, 133–139
    ver também negócios e ciberespaço
Putin, Vladimir 176

Q

questões ambientais atuais 182–184

R

racionalidade evolutiva 109
racismo, acusações de 15, 50, 80, 85–89
Reforma 59, 122–123
Reino Unido ver Grã-Bretanha; Irlanda do Norte; Escócia; Gales
religião
    comunidades de credo 60
    cristianismo 89–90, 150–151
    direito e 71–72, 171–173
    na Grã-Bretanha 27–31, 63–64
    ver também Islã

Renan, Ernest 69, 75
renascimento católico, francês 121–122
Revolta dos Camponeses (1381) 48
Revolução Americana 55–56
Revolução Francesa 35, 36, 55–56, 67, 117
Revolução Gloriosa (1688) 30
Roberts, Andrew 25
Robespierre, Maximilien 35
Rorty, Richard 96
Ruskin, John 47

S

Sartre, Jean-Paul 80
Segunda Guerra Mundial 48, 164
sentimentos de inclusão e exclusão 85–88
Serroy, Jean 144
Shaw-Lefevre, George 47
"sinais virtuosos" 166
sistema equitativo de direito 104–105
sistema métrico 116–119
Smith, Adam 63
soberania 15–18, 26–30, 31–32, 37, 102, 104
Sociedade de Preservação dos Comuns, dos Espaços Abertos e das Trilhas 47
sociedades tribais 59–60, 61
Spectator, revista 30
Spengler, Oswald 154
Starkey, David 25
Sturgeon, Nicola 180
subsídios agrícolas 163–165
sucessão apostólica 28–29
sucessão protestante 28–30
sujeição 57

T

tecnologia da informação e economia 124–125, 126
território partilhado ver nacionalidade
terrorismo 101, 112, 127, 128, 135–136

The Lion and the Unicorn (G. Orwell) 21–22

The Times 171

Thompson, E. P. 25

Tombs, Robert 36–37, 77

Tratado de Fusão (1967) 16

Tratado de Maastricht (1992) 16, 73–74, 110

Tratado de Maastricht (1992) 16, 73–74, 110

Tratado de Paris (1951) 16

Tratado de Roma (1957) 16, 72, 162

tratados, inflexibilidade dos 16, 72–73, 110

Tribunal da Chancelaria/direito civil 104–108

Tribunal de Justiça Europeu 16–17

Tribunal de Justiça Europeu 16–17, 73

Trump, Donald 15, 146

turismo de benefícios 73–74

Twitter 126, 134

    ver também psique de rede; mídias sociais

U

Under Milk Wood (D. Thomas) 33

União Europeia 11, 37, 41, 66–67, 71, 75, 99, 124, 143, 149–150, 151–152, 168–169, 174, 175, 176

e a identidade francesa 157–158

e a identidade alemã 156–157

evolução 16–17

governo de cima para baixo 102, 103, 108, 116, 118–119

subsídios agrícolas 163–165

Tratado de Maastricht (1992) 16, 73–74, 110

    ver também Brexit; imigração/imigrantes

urbanização 46

V

Verhofstadt, Guy 17

véus de rosto inteiro 172–173

vizinhança e lar 32–34

W

Weil, Simone 97

Wilders, Geert 82

Williams, Raymond 25

Wordsworth, William 47

World Giving Index — Charities Aid Foundation 114

Z

Zweig, Stefan 93

Este livro foi composto na tipografia
Palatino LT Std, em corpo 11/16, e impresso em
papel off-white no Sistema Cameron da
Divisão Gráfica da Distribuidora Record.